本书系中央民族大学国家一流大学和一流学科建设项目

KAER GELANTE DUOYUANWENHUA JIAOYUSIXIANG YANJIU

卡尔·格兰特多元文化教育思想研究

王筱蕾◇著

民族出版社

民族教育史研究丛书

主编：吴明海

图书在版编目(CIP)数据

卡尔·格兰特多元文化教育思想研究/王筱蕾著. — 北京：民族出版社，2019.12
（民族教育史研究丛书 / 吴明海主编）

ISBN 978-7-105-15985-7
Ⅰ.①卡… Ⅱ.①王… Ⅲ.①卡尔·格兰特－教育思想－研究 Ⅳ.①G40-097.12

中国版本图书馆CIP数据核字（2019）第292265号

卡尔·格兰特多元文化教育思想研究

著　　者：王筱蕾
策划编辑：张宏宏
责任编辑：向　征　黎　莉
封面设计：金　晔
出版发行：民族出版社
地　　址：北京市东城区和平里北街14号
邮　　编：100013
网　　址：http://www.mzpub.com
印　　刷：北京中石油彩色印刷有限责任公司
经　　销：各地新华书店
版　　次：2019年12月第1版　2019年12月北京第1次印刷
开　　本：797毫米×1092毫米　1/16
字　　数：190千字
印　　张：12.75
定　　价：45.00元
书　　号：ISBN 978-7-105-15985-7/G·2149（汉1035）

编辑室电话：010-64228001　发行部电话：010-64224782

《民族教育史研究丛书》编委会

为往圣继绝学

——《民族教育史研究丛书》序言

民族与教育都是有生命的历史过程，民族学与教育学都重视历史研究，民族学里面有民族史学科，教育学里面有教育史学科，且都排在各自子学科的第一位。民族教育史分别是教育史学科与民族史学科的“新生儿”，也是两者共生共养的“宁馨儿”。“问渠那得清如许，为有源头活水来。”民族教育的学术领域需要由史学来奠基，所以民族教育史这个“宁馨儿”将任重而道远，现在还是童年期。《民族教育史研究丛书》就是这个“宁馨儿”成长过程中风采的一个展现。

本丛书主张的史学观是整体史学观，也就是用全面的、发展的、联系的观点看待民族、教育以及民族教育的历史。无论是研究哪个民族的教育史，都要充分尊重这个民族所在国度的整体的历史与文化，从该国的政治、经济、文化、社会的大背景以及该国的国家利益角度来研究该国境内的民族教育史。

本丛书的编者与作者都是中国人，不仅喜欢唱《我的中国心》，而且都有着一颗中国心，“胸怀祖国”是我们的基本史学立场，这一立场是鲜明的、坚定不移的；“放眼世界”是我们的学术视野，我们不仅研究我国境内各民族的教育史，而且研究其他多民族国家的多元文化教育史（含民族教育史）；“古为今用、洋为中用”是我们的出发点与归宿点。文章合为时而著，歌诗合为事而作。一切历史都是当代史。《资治通鉴》把历史比作“镜子”（鉴），无论上下求索研究中国民族教育史，还是纵横万里研究他国的多元文化教育史，这两面“宝鉴”的聚焦点只有一个——振兴中华，实现中国梦。

《中华人民共和国宪法》开篇指出："中国是世界上历史最悠久的国家之一。中国各族人民共同创造了光辉灿烂的文化，具有光荣的革命传统。"中国自古以来就是统一的多民族国家，全国各族人民共同缔造了中国文明史、中国教育史。各个少数民族自古以来就是中华民族大家庭中的光荣一员，各少数民族教育史都是中华民族教育宝库中的瑰宝。本丛书将重点研究中国境内各少数民族教育的光辉历史。顾颉刚先生在"中华民族到了最危急的时候"写就《中华民族是一个》，翁独健先生与费孝通先生在改革开放的新时代分别主持出版《中国民族关系史纲要》《中华民族多元一体格局》。我们拜读先哲们的鸿篇巨制，结合其诞生的时代背景，不仅学习到他们科学、严谨的治史态度与方法，而且感受到三位先生的学术情怀与学术使命是心心相映、息息相通的。中华民族是一个有机的整体，一体里面有多样性的文化存在，多样性文化的相互交织形成你中有我、我中有你的有机整体，总而言之，中华民族多元一体格局是中国民族关系史、文化关系史、教育关系史的历史真实。各民族的教育是中华民族多元一体格局中的教育，各民族的教育又正向促进了并继续促进着中华民族多元一体格局的自觉形成与发展。"哲人日已远，典刑在夙昔。风檐展书读，古道照颜色。"我们将以中华民族多元一体格局的史学观来指导研究中国境内民族教育史的研究，也就是以中华民族多元一体格局为理论范式来研究中国境内自古以来的各族教育制度史、教育思想史、教育活动史、各民族地方教育史以及其间纵横交错的教育交流史。张载曰："为天地立心，为生民立命，为往圣继绝学，为万世开太平。"此种境界，我们心向往之。

为求知识于世界，本丛书还研究其他多民族国家的多元文化教育史。在全球化的今天，我们还将研究欧盟、东盟、非洲联盟、英联邦乃至联合国教科文组织等国际性、地区性组织的多元文化教育史。在研究多民族国家的多元文化教育史时，我们将站在该主权国家的立国之本的角度予以文化分析，如研究美国的多元文化教育史，就站在其"合众为一"的立国之本的高度予以历史评判，研究国际组织的多元文化教育史也是以该组织的宗旨为评判标准。"己欲立而立人，己欲达而达人"，这是我们的世界史观。

历史是复杂的，往往鱼龙混杂，无奇不有。本丛书所理解的教育是对人及人类社会的自觉成长与发展产生正向的、积极的文化影响的思想活动、文化活动与社会实践。我们将采取“春秋笔法”来书写民族教育史与多元文化教育史，取其精华，去其糟粕，隐恶扬善，以求“美人之美、美美与共”之效。本丛书所理解的教育是广义的、正向的文化影响，它蕴含于人类生活的方方面面，不仅富集于教育专著之中，而且蕴含于政治、经济、哲学、文学、历史、宗教等诸子百家的书中；不仅富集于书斋、图书馆，而且更多地蕴含于民间社会，尤其是边疆民族地区，少数民族的风物传说、神话传说、民间故事、民歌民谣、英雄史诗、叙事长诗、谚语谜语、碑刻岩画无不积淀着教育，岁时节日、婚丧嫁娶、说书弹唱、戏曲舞蹈、衣食住行、宗教信仰、育儿方式、生计方式无不蕴含着教育，可以说，无论是经济民俗、宗教民俗，还是社会民俗，都是对人涵化作用的教育民俗 。我们不仅采用传统史学方法在书斋里面“板凳要坐十年冷”，而且采用历史人类学的田野法，走向草原、绿洲、高山、平原、沙漠、戈壁、水乡，拜访各族各界群众，交朋结友，采访采风，搜集史料，然后加以萃取。杜威曾经说教育史是教育科学的试验田地。通过近十年的研究实践，我们深深感到，民族教育史与多元文化教育史的学术时空辽阔，可谓“风景这边独好”；教育历史人类学的田野是美丽的，充满希望的，广阔天地大有作为。

本丛书具体分为中外两个部分：一部分是中国的民族教育史，重点研究中国各少数民族教育思想史，也有以中华民族为单位的一般教育史研究，混在一起不仅是实际工作的需要，而且也说明，民族教育史与一般教育史是唇齿相依、血肉联系的，不能截然分家。就少数民族教育思想史而言，目前的研究涉及满族、蒙古族、回族、维吾尔族、壮族、藏族、彝族、苗族、纳西族、柯尔克孜族、哈萨克族、朝鲜族、台湾少数民族等。另一部分是外国多元文化教育史，里面包蕴民族教育史。一般来说，外国多元文化教育史起初是单一族群文化研究与教育，再是多族群文化研究与教育，进而是广义的多元文化研究与教育，其外延涵盖族裔、语言、性别、残障、体态等特殊文化群体多维视角。随着全球化所带来的国际社会的文化问题，国际间的多元文化教育研究与实践也是重要发展趋势。目前，着重研究了美国多元文化教育家班克斯（James Banks，1941—）与格兰特（Carl Grant，1933—）的多元文化教育思想，对美国少数民族教育政策史、印第安人教育史、美籍犹太人教育史、加拿大多元文化教育史、印度多元文化教育史等也有专题研究。我们将分期、分批出版。

本丛书包括的著作有：《一核多元、中和位育：中华民族教育政策思想史研究》《中国少数民族教育思想史研究（壮族、彝族、苗族、纳西族卷）》《中国少数民族教育思想史研究（瑶族、白族、回族、哈萨克族、台湾少数民族卷）》《中国少数民族英雄史诗的教育思想研究》《民族教育历史人类学研究的理论、方法与案例》《20世纪二三十年代新教育中国化运动研究》《中国民族院校办学理念的变迁研究》《元代诸帝教育思想研究》《明清时期回族教育思想研究》《清初二帝教育思想研究》《文化变迁与思想演进：壮族古代文化传承思想的历史研究》《谚语中的教育智慧——幼儿园乡土课程文化建设的基础》《世界民族教育史专题研究（第一辑）》《世界民族教育史专题研究（第二辑）》《詹姆斯·班克斯教育思想研究》《卡尔·格兰特多元文化教育思想研究》《美国少数族裔国家认同教育思想研究》《国际组织少数族裔教育思想研究》

本丛书是中央民族大学“985工程”中国少数民族教育研究创新基地的研究成果之一，能够立项出版，首先要感谢基地主任、中央民族大学教育学院院长苏德毕力格教授的鼎力支持与指导。同时要特别感谢我的导师北京师范大学教育学部吴式颖先生，中央民族大学原校长哈经雄先生、原副校长梁庭望先生、资深教授滕星先生，清华大学史静寰教授，北京大学钱民辉教授，北京师范大学张斌贤教授、石中英教授、朱旭东教授，甘肃省教育厅厅长王嘉毅教授，中央民族大学副校长曲木铁西教授、党办与校办主任张俊豪教授，人民教育出版社小学语文教研室主任陈先云研究员，他们从不同的角度对民族教育史与多元文化教育史发表了真知灼见，很多问题经他们一讲，我们如醍醐灌顶、茅塞顿开、受益良多。我们很感谢民族出版社欧光明主任和张宏宏、张海燕等编辑同志的热情帮助与精心设计，他们为本丛书从策划到编校付出了辛勤且富有创造性的劳动。

是为本丛书序言。

吴明海

2014年4月于中央民族大学文华楼西区909室教育史教研室

目　录

本书小序

王筱蕾博士的博士学位论文《卡尔·格兰特多元文化教育思想研究》即将付梓出版，我很高兴，首先表示诚挚祝贺。这本著作是国内关于美国多元文化教育史研究的一部力作，具有重要的学术价值。

卡尔·格兰特（Carl A. Grant，1933—）先生，是威斯康星大学麦迪逊分校课程与教学系和非裔美国人研究中心教授，阅历丰富，著作等身，立一家之言，是多元文化教育威斯康星学派的创始人，也是当今多元文化教育研究的重要代表人物，在全美乃至国际社会有重要影响。然而国内学术界以前对卡尔·格兰特教授只有介绍，没有研究，王筱蕾博士的这部著作是国内乃至华语世界系统研究卡尔·格兰特多元文化教育思想的首部学术著作，在一定程度上具有填补空白的学术价值。

关于卡尔·格兰特的中外文学术资料，国内各大图书馆收录的资料甚少。为了深入研究，王筱蕾申请到美国威斯康星大学麦迪逊分校访学六个月，做卡尔·格兰特教授的访问学者。这半年不仅系统地搜集了卡尔·格兰特教授的所有著作及其相关研究资料，而且听了卡尔·格兰特教授的课程，与卡尔·格兰特教授就若干理论问题与历史细节进行了大量的系列访谈，结下了深厚友谊，对卡尔·格兰特教授的言行心领神会。同时，对卡尔·格兰特教授学术思想主要诞生地威斯康星及威斯康星大学的历史传统、自然环境、人文风貌有了切身体会。实际上，王筱蕾是在用教育历史人类学方法来进行人物思想史研究，这在教育史研究中是相当成功、有效的。

在文本写作上，该著作在美国20世纪宏观历史背景中，研究了卡尔·格兰特教授的生活史、求学史、教学史与思想史，表现出其作为一位非裔美国知识分子是如何突破作茧自缚的小圈子而拥抱大社会、大时代，立志“为美国而教”上下求索的思想历程，精确把握、深刻阐释了卡尔·格兰特教授在美国多元文化教育史的学术贡献及其意义。

美利坚合众国所在地原为印第安人的聚居地，15世纪末，西班牙、荷兰、法国、英国的移民相继至此。1608—1776年间，英国在北美东起大西洋沿岸、西迄阿巴拉契亚山脉的狭长地带建立了13个英属北美殖民地。随着农业、工业及贸易的发展，以及北美统一市场的形成，各殖民地之间的经济与文化交流日益频繁，在这个基础上形成了共同的文化，而英语便是这个共同的文化的媒介。到18世纪中叶，北美英属殖民地已经形成了一个新兴的民族——美利坚民族（American Nation）。

随着联邦政府的成立、领土的不断扩展、移民的不断涌入，美国逐渐成为典型的多民族、多种族、多文化的统一国家。从族源来看，除美洲及太平洋岛屿原住民外，主要由移民组成。截至2018年6月，美国的人口有3.28亿。美国的原住民占总人口的1.4%，其中印第安人和阿拉斯加原住民占1.2%，夏威夷原住民或其他太平洋岛民占0.2%（少部分人在其他族群内被重复统计）。各大洲100多个民族的后裔生活在美国，主要移民族群有非拉美裔白人（占62.1%）、拉美裔（占17.4%）、非洲裔（占13.2%）、亚裔（占5.4%）。此外混血占2.5%。从肤色来看，美国的种族除占主体地位的白种人，还有黑种人、黄种人、棕色人等。从宗教信仰来看，现有人口中54.6%信仰基督新教，23.9%信仰天主教，1.6%信仰东正教，1.7%信仰犹太教，0.7%信仰佛教，

0.6%信仰伊斯兰教，1.2%信仰其他宗教，16.1%无宗教信仰（少部分人群属于多宗教信仰被重复统计）。①

1908年，英国移民、犹太以色列人伊斯雷尔·赞格威尔（Israel Zangwill，1864—1926）在其话剧《熔炉》中曾经这样描述道："东方与西方、南方与北方、棕榈树与松树、伊斯兰教与基督教……光荣的美国，所有民族与种族都来此工作并期盼着未来……"② 美国小说家赫尔曼·梅尔维尔（Herman Melville）说："美国人的血管里流淌着世界各族人民的血液。"③故从文化底色来看，美国文化多样性十分丰富。

这些不同族源、不同肤色、不同宗教信仰的人们在共同的经济生活中逐渐融合成为统一的美利坚民族，统一的美利坚民族形成与发展的过程不完全是一个自在自然的历史过程，而是一个有意识、有目的的建设过程，这一建设理念就是美国国徽上的铭言"合众为一"。

"合众为一"是美国建国理念，对其理解，主流是"熔众为一"的熔炉论，支流是"联众为一"的文化多元论，后者又可比喻为"色拉盘"论。

人们一般认为多元文化教育思潮的理论基础是文化多元论，从对多元文化教育的流派及其实践来看，熔炉论、文化多元论以及黑人自我振兴理论都对多元文化教育思潮有影响，都构成其理论基础，只不过文化多元论相对影响较大。

美国多元文化教育思潮是民间思潮。20世纪20—50年代是隔离高压"美国化"时期，然而就在这样的大熔炉下，多元文化教育思潮在"地下"悄悄萌芽，先后有20世纪30年代关于少数族裔教育问题的讨论、40—50年代跨文化

---

① 以上统计参见美国国家概况（最近更新时间：2018年6月），载中华人民共和国外交部网站。

② 史静寰：《当代美国教教育史》，277页，北京，社会科学出版社，2001。

③ ［美］埃里克·方纳：《新美国历史》，齐文颖、林江等泽，79页，北京，北京师范大学出版社，1998。

教育或跨族群教育运动。20世纪50—60年代，美国兴起近十年的民权运动，多元文化教育思潮从“地下”爬到“地上”，崭露头角，先后开展少数族裔低学业成就归因问题研究（50年代末60年代初）、单一群体研究与教材开发（60年代前期）。1964年《民权法案》颁布之后，多元文化教育思潮“有恃无恐”，在《民权法案》体制下向多维发展，先后经历多族裔教育运动（20世纪70年代）、多元文化教育的广义扩展（20世纪80—90年代）、多元文化教育的反思与转型（20世纪90年代至今）等阶段。

卡尔·格兰特出生于1933年，童年与少年经历过隔离且同化阶段，青年时期亲历隔离政策取消及民权运动，对有关美国种族关系的重大的历史事件都有自己深深的思考，他的思想经历了从“黑就是美”“多样就是美”“为黑人而教”到“为美国而教”的历程，完成了从种族认同向国家认同的升级转型。卡尔·格兰特多元文化教育思想成熟于20世纪70—90年代，属于大器晚成。这时的卡尔·格兰特已经“历经沧桑”，看到过、听到过、亲历过、思考过许多事情，不再仅仅站在狭隘的非裔美国人的种族立场上谈多元文化，而主要是站在国家社会的高度谈多元文化；不再是语出惊人的激烈批判者，而是积极的默默建设者。这是卡尔·格兰特不同于众多多元文化教育者的根本原因所在。

卡尔·格兰特是多元文化教育的广义扩展（20世纪80—90年代）的提出者及代表人物。他与同事对多元文化教育的概念的广义界定，代表了威斯康星大学学派的观点。多元文化教育并不是一开始就有一个确定的概念，它是边摸索边丰富的，且各家各派有各自的说法。1997年，卡尔·格兰特和高乐雅（Gloria Ladson – Billings）主编的《多元文化教育词典》既肯定历史，又综合各家各派观点，对多元文化教育的概念做出的中肯的解释，① 较有代表性。我国

① Carl A. Grant and Gloria Ladson – Billings. *Dictionary of Muticultural Education.* Phoenix, AZ: Oryx Press, 1997, pp. 171 ~ 172.

学者游美惠教授将之编译如下："多元文化教育兴起于 1960 年代的族群研究（ethnic studies）运动，它是一种哲学概念，也是一种教育过程。多元文化教育植基于哲学上平等、自由、正义、尊严等概念，希望透过学校及其他教育机构，提供学生不同文化团体的历史、文化及贡献等方面的知识，使学生了解并认同自己的文化，并能欣赏及尊重他人的文化。另一方面，多元文化教育对于文化不利地位的学生亦提供适性及补救教学的机会，以协助学生发展积极的自我概念。它牵涉族群、阶级、性别、宗教、语言、特殊性等层面的议题。"①

分析以上界定可知，多元文化教育的概念具有以下特点：美国对多元文化教育含义的理解经过了从狭义到广义的历时性过程；美国多元文化教育有深刻的哲学基础与理想追求，即基于并追求《独立宣言》中所蕴含的平等、自由、正义、尊严等概念；多元文化教育具有关怀弱势群体的人道主义精神；多元文化教育承认并肯定文化差异与文化多样性，是文化宽容、文化理解、文化欣赏的教育；多元文化教育有教无类，因材施教，因俗施教，积极肯定，鼓励上进，具有博爱情怀。显然，威斯康星大学学派关于多元文化教育的概念，超越了熔炉论与色拉盘论，有更丰富、更深刻的内涵，更能反映美国合众为一的建国理念。

卡尔·格兰特教授与他的同事合作提出的多元文化五种课程模式，即特殊性与文化差异模式、人际关系模式、单一群体模式、多元文化教育模式、多元文化社会正义教育模式，具有创新性与建设性；尤其是多元文化社会正义教育模式开辟了基于社会正义的多元文化教育思想的威斯康星大学学派，与詹姆斯·班克斯（James A. Banks，1941—）开辟的基于社会民主的多元文化教育思想的华盛顿大学学派，形成双峰对峙的景观。值得一提的是，王筱蕾博士与其

---

① 谭光鼎、刘美慧、游美惠：《多元文化教育》（第 3 版），7—8 页，台北，高等教育文化事业有限公司，2012。

师姐朱姝博士在中央民族大学读博期间从教育历史人类学视角，分别对卡尔·格兰特教授、詹姆斯·班克斯教授的多元文化教育思想进行了研究，撰写了博士学位论文，均由民族出版社出版，形成姊妹篇，交相辉映，蔚为壮观。

威斯康星大学学派基于社会正义的多元文化教育思想不仅属于多元文化教育思潮的一个流派，而且是对威斯康星理念的丰富与发展，与美国“合众为一”建国理念相一致，在美国具有积极的社会建设意义，正引起美国及国际学术界的积极关注，具有重要的借鉴价值。

王筱蕾博士的专著《卡尔·格兰特多元文化教育思想研究》中的史料都是第一手资料，翔实可靠，研究方法科学，文本谋篇布局合理，能够做到言之有据，论从史出，史论结合，历史与逻辑相统一，曾被评为中央民族大学优秀博士学位论文，相信此著作是一部成功的学术著作。

王筱蕾博士学位论文选题、开题及答辩时曾经得到吴式颖教授、哈经雄校长、滕星教授、钱民辉教授、曲木铁西教授、张斌贤教授、苏德教授、石中英教授、张俊豪教授、陈立鹏教授等的指导，在此一并深表谢意。

卡尔·格兰特教授一直想来中国讲学，我们也做了种种努力，但至今未能成行，甚为遗憾。但愿王筱蕾博士的专著《卡尔·格兰特多元文化教育思想研究》的出版，能够多少弥补这一遗憾，多少能够为这位和蔼可亲的老先生圆圆中国梦。在此也对卡尔·格兰特教授深表谢意。本书出版得到中国传媒大学基金资助及民族出版社欧光明老师、张宏宏老师等的帮助，一并深表感谢。

在此还要多说几句。王筱蕾博士在博士论文开题时已经身怀六甲，宝宝生下刚满月即飞赴美国威斯康星大学做研究，而且按时完成论文，按时答辩毕业，有勇气，能吃苦耐劳，精神可嘉，特此表扬。望再接再厉、和谐发展、全面发展，做出更多更好的成绩。

行笔至此，已经是今年最后一天的清晨6：06，明天就是元旦节。我想起王安石《元日》诗句，现默写如下献给各位读者，祝您新年快乐、万事吉祥！

爆竹声中一岁除，
春风送暖入屠苏，
千门万户曈曈日，
总把新桃换旧符。

是为本书小序。

吴明海

2019 年 12 月 31 日于中央民族大学文华楼

前　言

卡尔·格兰特（Carl A. Grant）教授是美国多元文化教育研究领域的著名学者，被美国教育界视为多元文化教育研究的重要创始人。他的研究在一定程度上定义并影响了美国多元文化教育的发展，为多元文化教育研究的体系化做出了巨大的贡献。格兰特的学术成果非常丰硕而且也极具独特性，但是美国学术界至今尚未有较为系统地研究其多元文化教育思想的成果问世，我国多元文化教育研究领域虽有译介过他的论著，亦尚未有更为深入的研究。由此，对格兰特的多元文化教育思想进行研究，不仅有助于丰富和深化对美国多元文化教育的研究，同时也填补了我国多元文化教育思想史研究的空白。

本书在写作过程中力求对格兰特的学术思想和人生经历进行较为全面、深入的研究，并将其学术研究同他的生活背景、求学及工作的经历紧密结合，通过分析、解读格兰特的主要学术成果，梳理并归纳出他的学术观点和研究方向。

本书由绪论、正文和附录三个部分构成。

绪论概述了本书选题意义及缘由、国内外研究现状、整体思路及结构。

正文分为以下五章：

第一章从格兰特成长和生活的社会背景入手，勾勒出格兰特学术生涯发展的轨迹。通过研究影响格兰特学术生涯发展的人生经历，探寻其由中学教师、管理人员向学者、研究人员到导师及公共知识分子转变的过程。

第二章以格兰特对种族、文化和教育公平三个主题的研究作为探寻其多元文化教育思想的切入点。格兰特对种族、文化和教育公平问题的研究是其开展多元文化教育研究的基础，通过对这三方面涉及的格兰特所著、所编较为重要作品的解读，进而对其主要观点进行归纳并做出评价。

第三章主要从格兰特对美国多元文化教育的历史及理论的研究着手，归纳并总结出其开展多元文化教育研究的理论基础，分析了格兰特是如何将社会现象学与知识社会学、批判主义与后现代主义哲学的理论相融合作为其开展多元文化教育研究的理论工具。

第四章主要考察格兰特如何将多元文化教育的理论应用于教育实践。本部分研究主要关注的是格兰特如何将其多元文化教育思想应用于多元文化教育课程教学设计、教师教育、课堂教学等方面，以此来审视格兰特在多元文化教育研究领域中的独特地位，探究其多元文化教育思想在美国多元文化教育发展中所处的地位。

第五章探讨格兰特多元文化教育理论对我国多元文化教育课程的设计、民族教育问题、弱势群体教育问题的启示。通过对格兰特多元文化教育思想进行批判性解读，尝试探索出适合我国多元文化教育发展的新模式。

附录，是笔者 2013 年与格兰特的谈话记录及 2008 年威斯康星大学口述史项目对格兰特的采访记录进行的翻译整理，将此作为本书的最后部分供读者参考。

绪 论

卡尔·格兰特（Carl A. Grant）教授是美国多元文化教育研究领域的著名学者，是威斯康星大学麦迪逊分校课程与教学系和非裔美国人研究中心教授，赫夫斯－巴斯科姆（Hoefs－Bascom）荣誉教授，前美国多元文化教育学会（NAME）主席，前美国教育研究评论编委，前美国评估与教师质量国家研究理事委员会委员和前美国教育研究协会（AERA）出版委员会主席。他在1990年被教师教育学会评选为美国教师教育的70位重要领导人之一，1997年获得威斯康星大学麦迪逊分校杰出成就奖，2001年获得美国多元文化教育学会颁发的多元文化教育学者奖（G. Pritchy Smith Multicultural Educator Award），2010年获得美国教育研究会（AERA）颁发的社会正义教育奖（Social Justice Award），2011年获得美国教育研究会（AERA）颁发的导师奖（Mentoring Award）。

格兰特教授的研究成果丰硕，发表了100多篇学术论文，出版了30余部著作，其内容涉及了多元文化教育领域的每一个主题。他的著作包括《多元文化教育选择：种族、阶级与性别的五种方法》《不同阶级、种族、性别与残障学生的五种多元文化教育方法》《多元文化教育：追求成就与平等》《用多元文化教育指导课堂教学》等。他编写的《多元文化教育词典》收录了150多个与多元文化教育研究相关的词条，并从历史渊源、用法和含义等方面对词条进行解释说明，为从事多元文化教育研究者提供了一部具有权威性的参考用书。2012年格兰特教授完成了共6卷的《多元文化教育史》的编写工作，这一系列丛书收集了过去三四十年间美国多元文化教育研究领域的重要成果，为学者们了解和审视美国社会多元文化教育的发展、实践以及重新审视多元文化教育的内涵提供了有益的借鉴。这些研究成果不仅标志着多元文化教育已经成为一个重要的研究领域，而且也展示了其在全球化背景下强劲的发展态势。

20 世纪六七十年代的民权运动，改变了非裔美国人的命运，赋予了他们很大程度上的平等、自由和尊严。与此同时，学者们开始关注少数族群的教育问题，提出了有关多元文化教育的理论与实践的观点，如在课程中添加关于少数族群的知识、提升有色群体学生自我概念的方案以及双语教学法等。格兰特教授积极投身于教育改革的洪流之中。

格兰特教授的研究在一定程度上影响了美国多元文化教育的发展，为多元文化教育研究的体系化做出了很大的贡献。他的相关研究不只对美国教育领域有较大的影响，对其他国家的教育发展也有影响。随着格兰特教授受邀到国外讲学以及其作品在多个国家和地区的翻译出版，他的理论获得了不同国家和地区的学者的认可。格兰特教授在促进美国多元文化教育的发展中发挥了巨大的作用，是影响美国及世界多元文化教育发展的持续性力量之一。

一、选题意义及缘由

（一）选题意义

从理论层面看，本书通过系统提炼和研究格兰特多元文化教育思想，填补了我国多元文化教育思想史研究的空白，进一步丰富了我国多元文化教育研究。同时，为民族教育和少数群体教育改革提供可以借鉴的理论依据。从现实意义看，本书将有助于拓宽我国学者对美国多元文化教育研究的视野，也旨在向我国学者介绍美国多元文化教育研究领域的领军人物的教育思想，以此帮助我们更全面地了解美国的多元文化教育研究。我国的少数民族和少数群体的教育在政策和实践方面还有很多需要完善和改进的地方，办好民族教育不仅有利于促进民族团结，营造良好的社会发展环境，同时对民族地区的经济建设也有一定的促进作用。

（二）选题缘由

首先，拓宽了我国学者对美国多元文化教育研究的视野。尽管我国对美国多元文化教育研究的成果丰硕，但大部分以班克斯多元文化教育思想为拓展点而忽略了其他学者的研究成果。其实，在美国多元文化教育研究领域有很多与班克斯齐名的领军人物，他们在多元文化教育研究领域同样有很多值得我们学习和借鉴的研究成果，因此可以说本研究具有很大的现实意义。其次，本研究结合了笔者导师的研究方向。笔者的导师吴明海教授一直从事教育历史与文化的研究，其研究方向为中国少数民族教育的历史与发展。近年来，吴明海教授一直关注和从事少数民族教育思想的研究。本研究是吴明海教授的研究方向之一。最后，是自身对多元文化教育研究的浓厚兴趣和作为教育工作者的责任感。多元文化教育研究的对象不仅包括少数民族学生群体，也应该涵盖因为性别、身体残障而受到不公平待遇的少数群体学生，因此这是一个有关教育公平和社会正义问题的研究领域。多年在高校工作的经历使笔者对教育问题更为敏感，也更为关注少数群体学生的教育问题，同时也希望通过自己的研究能够为中国的教育改革尽绵薄之力。

二、国内外研究现状

为了避免重复研究，我们需要了解以前研究者对格兰特的研究状况。本书主要考察既往研究对于格兰特教育思想的学术认识、发展及其应用的现状。

（一）中国对格兰特多元文化思想的研究

1. 对格兰特研究成果的翻译

笔者共查阅到两篇格兰特的中文译作（包括中国台湾地区）：一篇为中国学者侯定凯翻译的格兰特和 C. 史利特共同完成的文章《当前教科书中种族、阶级、性别和残疾人问题》，此文作为第五章收录在 M. 阿普尔和 L. 克丽斯蒂安主编的《教科书政治学》（*The Politics of the Textbook*）一书中，此书由华东师范大学出版社于 2005 年出版，是中国大陆地区翻译的第一篇也是唯一一篇格兰特的文章。另一篇是由台湾学者陈幼慧翻译的《多元文化教育的抉择：族群、性别与阶级的五种取向》中的第五章《多元文化教育》。

《当前教科书中种族、阶级、性别和残疾人问题》主要介绍的是格兰特和 C. 史利特通过对出版日期介于 1980—1988 年的 47 本一至八年级学生所使用的教科书中不同群体，在社会科学、阅读、语言艺术、自然科学和数学五个学科中的地位。他们希望通过这个研究使读者了解美国社会的多样性是如何通过学校教育影响学生发展，而学生在面对学校中存在的种族歧视和社会中的不平等现象时又将面临怎样的挑战。文章中两位学者认为，20 世纪 80 年代美国的教科书改革在多样性问题上并没有取得太大的进展，特别是在经历了 20 世纪 60 年代晚期至 70 年代早期的教科书“多元化”运动后进入了一个退步的年代。白人和男性仍然占据着课程内容的主导地位。他们认为这对于美国社会来说是非常危险的，会淡化公民的社会意识，造成学生历史和文化知识的缺失，并且会引起白人学生对底层阶级和有色人种学生的疏远。教科书应该向学生们教授的是美国社会的多样性及社会公民平等发展的历史。

台湾学者陈幼慧翻译的《多元文化教育》是格兰特和 C. 史利特共同完成的《多元文化教育的抉择：族群、性别与阶级的五种取向》一书中的第五章。这篇译文并不是公开发表的文章，而是译者为了教学所用而翻译的。笔者是在威斯康星大学麦迪逊分校访学期间通过互联网检索到的，在中国互联网上无法检索到此文。《多元文化教育的抉择：族群、性别与阶级的五种取向》一书的主要内容是向读者介绍如何将多元文化教育的理论用于实践，并针对少数群体开展多元文化教育的具体实施方法，如何以新的思维改革现有的教学计划，并希望能够赋予教师和学生丰富的多元文化社会理论知识。陈幼慧翻译的《多元文化教育》主要阐述的是多元文化教育的目标、与多元文化教育相关的各种理论对开展多元文化教育课程方面的一些建议等。

2. 与格兰特研究有关的文献

笔者分别以“格兰特”和“多元文化教育”为题名、主题、关键词合并检索均无相关文献。以“格兰特”和“多元文化教育”合并检索全文共检索到相关文献 61 篇。通过进一步检索，仅有 26 篇文章与本书的研究对象相关，其中重复出版 1 篇，因此共有 25 篇文章可供本研究参考。其中有 13 篇提及作为美国多元文化教育研究领域领军人物的格兰特。

表绪 -1　提及作为美国多元文化教育研究领域领军人物的格兰特的文章

文　章　名	作者	单位（杂志）	发表时间
儿童学习结果取向的美国教师教育课程研究	谢赛	华东师范大学博士学位论文	2012 - 5
朝鲜族小学汉语教科书的教育人类学研究	高萍	中央民族大学博士学位论文	2012 - 4
回族聚居地区思想政治教育的特殊性研究——以宁夏西海固地区为例	马文多	兰州大学硕士学位论文	2011 - 5
幼儿园课程文本中集体教学活动目标的文化价值取向研究——以我国三套幼儿园课程中《教师用书》的文本分析为例	夏竹筠	华东师范大学硕士学位论文	2010 - 5
职前教师教育与教学知识领域	葛玟玲	东北师大学报（哲学社会科学版）	2009（2）

续表

文章名	作者	单位（杂志）	发表时间
美、加多元文化教育的理论范式与实践模式	高华	吉林师范大学学报（人文社会科学版）	2008（2）
美国多元文化教育课程与教学理论评析	杜钢	外国中小学教育	2007（6）
浅析跨文化教育	周荣艳	华东师范大学硕士学位论文	2007－4
西方少数民族教育述评	王鉴	世界民族	2002（4）
论多元文化背景下课堂教学文化的建构	沈小碚 颜红平	教育与教学研究	2001（2）
多元文化教育的新发展与课程改革	万明钢	外国中小学教育	2000（2）
费尔南德斯多元文化教育课程改革管窥	张希希	外国教育研究	1996（2）
关于多元文化教育的两本书介绍	谢宁	民族教育研究	1993（2）

此外，在这25篇文章中还有12篇文章借用了格兰特对多元文化教育的定义，或是以其多元文化教育课程、教育模式、教师教育理论为依据阐述某些教育现象和问题。中国学者引用的格兰特的相关理论主要反映了两个方面的问题：一是中国学者引用的格兰特的研究成果多为其早期研究成果，甚至2000年后发表的文章引用的还是80年代的研究成果。自20世纪70年代格兰特投身于多元文化教育研究，他不断地修正并丰富着自己的观点和研究成果，中国学者受研究资料所限而引用格兰特早期的研究成果用于近期的研究，造成研究成果的失真。二是中国学者对格兰特研究成果的引用存在相互转引的问题，缺少对英文原始文献的研究，从而不能深层次地了解其引用的研究成果，有可能产生误引，导致研究成果缺乏可信度。

表绪－2 国内与格兰特研究相关的文章列表

文 章 名	作者	单位（杂志）	发表时间
新课程背景下语文教科书价值取向研究——以人教版义务教育课程标准实验教科书·语文为例	何立新	四川师范大学硕士学位论文	2012－4
乡土教育：概念辨析、学理基础与价值取向	谢治菊	贵州师范大学学报（社会科学版）	2011（4
国外的多元文化教育研究及面临的问题	张家军	教育与教学研究	2011（2）
幼儿园多元文化教育课程资源开发研究——以渝东南土家族A幼儿园为个案	王善安	西南大学硕士学位论文	2010－4
英国中小学多元文化教育课程开发与设计	杨璐	华东师范大学硕士学位论文	2008－5
美国学者视野内多元文化音乐教育概念的理论阐释与现实指向	郭小利	沈阳音乐学院学报	2008（3）
多元一体格局下的中国少数民族教育	张俊豪	湖北民族学院学报（哲学社会科学版）	2006（4）
“多元文化教育”探究	赵海涛	沈阳教育学院学报	2006（3）
美国多元文化教育研究	刘智力	河北大学硕士学位论文	2005－6
内蒙古民族传统体育对蒙汉大学生体育兴趣的影响之比较研究	刘汀	华东师范大学硕士学位论文	2005－4
美国学校的多元文化教育	席蔚华	陕西师范大学学报（哲学社会科学版）	2000（3）
对多元文化教育的四种误解及其分析	李瑾瑜 奂平清	民族教育研究	1999（3）

3. **与格兰特研究有关的著作**

笔者查阅到由史静寰主编的《当代美国教育》一书的第七章第二节“多元文化教育的蓬勃发展”中较为详细地介绍了史利特和格兰特总结出的多元文化教育的五种主要方法：特殊学生和文化存在差异的学生的教育；人际关系教

育；单一群体研究；多元文化教育；作为社会重构因素的多元文化教育，并一一对这五种多元文化教育模式进行了说明。此外，由吴明海主编的《中外民族教育政策史纲》一书的第四章第四节“民权运动以来的民族教育政策”中也提到了格兰特有关多元文化教育的观点。

（二）国外对格兰特多元文化教育思想的研究

1. 与格兰特相关的硕士、博士学位论文

表绪-3　与格兰特相关的硕士、博士学位论文列表

A Multicultural and Social Reconstructionist Approach to Art Education: A Framework for Social Justice Through Art Curriculum	Joni Etta Boyd	The Ohio State University	2011
The Emergence of A Pedagogy of Inclusion and The Association for Theatre in Higher Education (ATHE), 1987—2002	Teresa Kasperick - Postellon	Bowling Green State University	2004

上述关于格兰特的两篇博士学位论文，在国外数据库中均可以找到文章的原文。Joni Etta Boyd 的博士学位论文主要想要验证通过格兰特的多元文化与社会重建理论来考察艺术作品在促进社会公平发展方面对年轻人的影响。论文最后得出的结论是：在艺术教学的课堂中，多元文化和社会重建理论所倡导的基本理念为年轻人表达自己的思想、运用自己的民主权利开辟了道路，进而促进了年轻人对知识的创新和应用。Teresa Kasperick - Postellon 的博士学位论文主要考察的是 1987—2002 年戏剧高等教育学会（Association for Theatre in Higher Education，ATHE）将教育学的研究成果运用于戏剧学科建设和研究发展方面的情况。文中主要采用的教育学研究成果就是格兰特多元文化教育的五种方法。论文的第四章“戏剧主题与全纳教育模式”主要阐述的是如何在戏剧主题的选择方面运用格兰特多元文化教育的五种方法，即“特殊群体和不同文化背景学生的教学模式（teaching the exceptional and culturally different）”“人际关系

模式（human relations）”“单一群体研究模式（single－group studies）”“多元文化教育模式（multicultural education）”“多元文化和社会重建教育模式（education that is multicultural and social reconstructionist）”。

以上两个研究并没有迎合本研究的题目分析格兰特对多元文化教育发展所做的贡献，也没有对格兰特的其他研究成果进行分析，更没有通过访谈等手段来深入解析格兰特的多元文化教育思想。

2. 与格兰特相关的国外文献

国外借用格兰特多元文化教育理论进行实际研究的文章非常多，这些文章多以格兰特多元文化教育的概念、课程模式、教师教育理论为依据来阐述某些教育现象和问题。还有一些与格兰特相关的国外文章主要是根据格兰特的专著所做的“书评”，而且大多只是对格兰特著作内容的概述和推介。这些对格兰特主要作品的介绍没能反映出格兰特教育思想发展的来龙去脉和整体理论体系。

3. 对以往研究的综合评价

通过对中国及国外与格兰特多元文化教育理论相关文献的分析，发现以往研究没有触及以下问题。

第一，没有系统地对格兰特多元文化教育思想进行梳理，忽视了格兰特多元文化教育思想对美国乃至世界其他国家多元文化教育发展的影响。在中国，一提到美国的多元文化教育很多人都会想到班克斯，班克斯的研究成果对美国和其他国家多元文化教育的发展起到了巨大的推动作用，但同时我们也应该认识到与班克斯齐名的其他学者的研究成果对我们的研究也是非常有意义的。一家之言的借鉴意义是具有局限性的，因此不断地引入其他有代表性学者的研究成果有利于开阔视野，丰富研究内容。

第二，没有对格兰特的多元文化教育思想进行全面的考察，大多数的研究者仅仅引用或者介绍了其关于多元文化教育的定义和课程建构方面的研究成果，而且引用的研究成果多为其早期所得。

第三，没有揭示出格兰特个人和整个美国多元文化教育思想发展的关系。各个时期教育家的思想都是影响人类教育领域发展的主体性因素，具有创造性禀赋的少数人对社会环境的挑战与应战推动着文明的产生与发展。正是需要通过对格兰特个人教育思想的发展进行系统研究，我们才能发现他对民权运动以来的美国多元文化教育发展的影响，从而了解美国多元文化教育的变动与发展状况。

综上所述，目前我国没有系统地对格兰特多元文化教育理论的研究，缺乏反映格兰特多元文化教育思想发展的整体理论体系，更没有对他的多元文化教育思想的整体发展及其背后的哲学与社会学基础进行分析。国内外还没有介绍格兰特多元文化教育思想的文章和对其多元文化教育思想进行整体和系统研究的论著。鉴于格兰特多元文化教育思想对美国 20 世纪的多元文化教育体系所产生的影响，在国内开展相关研究，不仅有助于拓展学术研究视野、深化对多元文化教育理论及实践的认知，而且有助于我们了解专业领域的大家之言，更好地思考和审视我国自身多元文化教育理论的建构与发展。

三、研究方法

本书主要采用文献研究法通过对格兰特主要著述的研读、比较、归纳等方式来了解其教育思想的发展脉络，在此基础上通过访谈法进一步深化、提炼被研究者的教育思想内涵。

（一）文献研究法

首先，通过系统阅读格兰特的重要英文原著，了解格兰特多元文化教育研究的主要内容和核心理论的来源、发展及应用。从格兰特所处时代的政治、经济、社会与文化背景入手，并在此基础上来了解他的理论观点及其发展脉络，并就格兰特对少数群体及其文化意识形态的弱势地位所提出的质疑与反思进行全面的考察与探究。在对格兰特多元文化教育理论进行分析的过程中，笔者将力求从多视角、多维度来审视和分析格兰特的多元文化教育思想。

其次，认真研读和比较研究格兰特的相关学术著作，将格兰特的多元文化教育理论放置在特定的学术背景之中以审视其学术地位和理论价值。比较研究可以展示出格兰特在不同时期和社会背景下思想发展变化的异同。

最后，结合以上两个方面，归纳出格兰特多元文化教育思想研究中的核心问题和主导思想，以其理论建构为研究基础，展开对格兰特多元文化教育思想研究的再研究。在文献研究方法的基础上，为了更加深入、全面地理解研究问题，还需对被研究者进行访谈。

（二）访谈研究法

访谈研究法是通过与被研究者进行研究性交谈，以收集客观不带有偏见性的事实材料的方法。在条件允许的情况下采用访谈研究法是非常必要的。如果研究者只是通过被研究者的作品和其他文献资料对其展开研究很有可能造成对被研究者的不理解或者误读。因此，需要突破文本材料自身的局限性，通过访谈研究法了解被研究者对自己作品中问题的看法及其在作品之外想要表达的观点和思想。对被研究者的访谈也可以了解他对以往作品的重新理解与认识，从而可以更为清晰、准确地把握其思想发展轨迹。此外，对格兰特的访谈，能够以多角度解读格兰特的多元文化教育思想，梳理格兰特多元文化教育理论的建构及发展过程，归纳并总结出格兰特多元文化教育研究的整体特征。

本书采用的研究形式主要包括三个方面：一是对原著的分析，二是课堂及访谈记录，三是对美国多元文化教育发展史的研究。选择格兰特最有影响的著作作为文本分析对象，主要包括《多元文化教育选择：种族，阶级与性别的五种方法》《不同阶级、种族、性别与残障学生的五种多元文化教育方法》《多元文化教育：追求成就与平等》《多元文化教育词典》等。此外，还梳理了格兰特从 1967 年至今发表在学术刊物上的论文。

四、概念界定

本书涉及了一些基本的概念，如“多元文化教育”“多元文化主义”“跨文化教育”“文化多样性”“民族教育”等，现将主要概念界定如下。

（一）多元文化教育

多元文化教育是一个比较复杂且涉及范围极广的概念，对多元文化教育研究的切入点不同，其理解也就不相同。中国学者对多元文化教育概念引用最多的是美国学者班克斯的定义。班克斯认为，多元文化教育是一个正在兴起的学科，多元文化教育结合了历史学、社会学、族群研究及女性研究的一些概念、原则、理论和范式。多元文化教育包括至少三个方面的内容：一种教育理念，一场教育改革运动和以一个教育的惯性结构为主要目标的进程。① 中国学者也在不断反思多元文化教育的定义问题。苏德认为，多元文化教育是指在一个多民族国家中，无论是主体民族还是少数民族，都有其独特的传统文化，都有相互借鉴与吸收的文化内容，也都有接纳与吸收世界优秀文化的内在动力。少数民族教育担负着人类共同文化成果传递的功能，担负着传递本国主体民族优秀传统文化功能的同时，也担负着传递本国各少数民族优秀传统文化的功能。②

黄宗植将多元文化教育理解为将不同的种族、民族、性别、社会阶层、残障等群体视为不同的文化群体；它研究来自不同文化群体的学生之间的差异及

---

① 朱姝：《班克斯教育思想研究》，52 页，北京，中央民族大学博士学位论文，2013。

② 苏德：《少数民族多元文化教育的内容及其课程建构》，载《中央民族大学学报》（哲学社会科学版），2008（1）。

其对学校教育的影响；它致力于创设一定的环境和手段，不同地对待不同的学生，使所有学生得到平等的教育机会，并得到充分的发展。①

格兰特认为，多元文化教育是一个哲学意义上的概念，同时也是一种教育过程。之所以说多元文化教育是一个哲学意义上的概念，是因为它是以自由、公平、平等和人类尊严为其哲学基础；而认为多元文化教育是一种教育进程的，是因为多元文化教育这个活动是在学校或者其他教育研究机构内发生的，同时它也涉及所有的学科领域和课程设置。实施多元文化教育的目的是为所有的学生在学校和各类组织中创造一种公平的结构模式。为了实现这一目标，多元文化教育让学生学习不同群体为美国的发展所做出杰出贡献的历史和文化。多元文化教育理论认为美国社会的繁荣和强大是其人口多样性的结果，它所涉及的社会问题涵盖种族、少数族裔、社会阶层、性别、残障人等。多元文化教育所要实现的，是在特定的背景下为学生提供指导并帮助他们建立一种多元化的思维方式。它鼓励学生对世界和国内的社会事件进行调查研究，并引导他们去思考这些事件是如何影响他们的生活的。同时也会教授他们批判性思维的技巧、民主决策、社会行为和增强自信的能力。②

通过对多元文化教育概念的分析，我们能够看出多元文化教育的含义具有狭义和广义之分。狭义的多元文化教育主要围绕民族或种族问题，广义的多元文化教育所涵盖的范畴和实施对象包括种族、少数族裔、社会阶层、性别、残障群体等不同的文化群体。多元文化教育的含义所涉范围无论是从狭义角度还是从广义角度看，其核心内容均体现的是为不同文化群体的学生提供平等的教育机会。本书所涉及的多元文化教育的概念均沿用格兰特的多元文化教育概念。

① 黄宗植：《西方多元文化教育理论及其实践对我国少数民族教育实践的启示》，载《民族教育研究》，2004（6）。

② Carl A. Grant & Christine E. Sleeter. The literature on multicultural education: review and analysis. *Education Review*, Vol. 37, No. 2, 1985.

（二）跨文化教育

“跨文化教育”比较通用的译法为 Intercultural Education，也有学者译为 Cross Cultural Education。[①] 无论哪种译法，从文本意义可以看出跨文化教育一般是指在两种不同文化间所进行的教育，使受教育者了解其他民族的文化传统、价值观念、思维方式和风俗习惯等。联合国教科文组织于 1992 年的国际教育大会上发布的《教育对文化发展的贡献》对跨文化教育做出了学术性说明，具体如下。

跨文化教育（包括多元文化教育）是面向全体学生和公民而设计的、促进对文化多样性的相互尊重与理解的教育。进行这种教育的真正方式不应只是局限于提供一些补充性内容，或局限于辅助性教学活动及某些学科，而应推进所有的学科教育和整个学校结构的调整。这种教育要求教育工作者和所有有关的合作伙伴，包括家庭、文化机构与传媒共同负责。跨文化教育应包括为全体学习者所设计的计划、课程或活动，而这些计划、课程或活动，在教育环境中能促进学习者对文化多样性的重视，增强对不同团体文化的理解。此外，这种教育还能促进学生的文化融入和学业成功，增进国际理解，并促使他们同各种排斥现象作斗争。其目的应是从理解本民族文化发展到理解不同民族的文化，并最终发展到鉴赏世界性文化。[②]

我国 1998 年出版的《教育大辞典》对跨文化教育的定义是：在多种文化并存的环境中同时进行多种文化的教育，或以一种文化为主兼顾其他文化的教育；某种文化环境中成长的学生，到一两种语言、风俗、习惯、价值观和信仰都不相同的文化环境中去接受教育；专门设置跨文化的环境，让学生接受其他

---

① 胡志勇：《汉英新词新语辞典》，上海，上海交通大学出版社，2004。

② 赵中建：《全球教育发展的历史轨迹：国际教育大会 60 年建议书》，498—499 页，北京，教育科学出版社，1999。

民族语言、风俗、习惯和价值观的教育。[1]

综合以上两种对跨文化教育内涵的界定，笔者提出“跨文化教育”的界定为：跨文化教育是基于教育学相关理论的一种教育实践活动，通过开设相关课程和形式多样的实践活动，帮助不同文化背景的学生增加了解，减少因文化、价值观和思维方式的不同而引起的摩擦。

（三）多元文化主义

多元文化主义也有学者称之为“文化多元主义”，两者可以通用，本书使用多元文化主义这一提法。多元文化主义的定义范围比较宽泛，涉及阶级、性别、种族、家庭和性倾向等社会和文化问题。由于不同领域的学者从各自的领域出发，从各自不同的角度对多元文化主义进行定义，因此学术界对多元文化主义的界定并没有达成一个共识。本书所讨论的多元文化主义主要指涉范围为美国当代社会中的教育和文化思潮，即对不同种族、民族、文化和宗教背景的群体给予同等尊重，为所有人创造一个公平、民主、生机蓬勃的社会。

（四）文化多样性

联合国教科文组织于2005年10月通过的《文化多样性公约》中指出，文化多样性指各群体和社会借以表现其文化的多种不同的形式，这些表现形式在它们内部及其间传承。文化多样性不仅体现在人类文化遗产是通过丰富多彩的文化形式予以表现、传承和弘扬，而且体现在借助各种技术和形式所进行的艺术创造、传播、生产、消费和销售的形式。

社会学家费孝通先生曾指出，文化多样性是要“各美其美，美人之美，美美与共，天下大同”。用这16个字概括文化多样性的含义，体现的是任何一个

---

① 顾明远：《教育大辞典》，916页，上海，上海教育出版社，1998。

国家和民族都要承认和保持其文化的多样性，而且每一种文化都有其闪光点。因此，要学会正确看待并欣赏其他文化的优点，只有各文化间平等共处，世界才是美好的。

综合以上两种被广为认可的文化多样性的定义，本书认为文化多样性是不同社会群体体现的不同形式的文化，各种文化都应得到承认并应保持其文化特点。对文化多样性的认可有助于人类社会的发展。

（五）民族教育

民族教育的概念一直以来都是民族教育学界一个颇有争论的问题，《教育大辞典·民族卷》认为："民族教育是中国少数民族教育的简称，指除汉族以外，对其他55个民族实施的教育。"①《中国大百科全书·教育卷》的定义是："少数民族教育（Education for National Minorities），就是在多民族国家内对人口居于少数的民族实施的教育，简称民族教育。在中国指对汉族以外的其他民族实施的教育。"②

哈经雄、滕星主编的《民族教育学通论》将民族教育分为广义和狭义两种：广义的民族教育是指对作为有着共同文化的民族或共同文化群体的民族集团进行的文化传承和培养民族或民族集团的成员，一方面适应现代主流社会，以求得个人更好的生存与发展；另一方面继承和弘扬本民族或本民族集团的优秀传统文化遗产的社会活动。狭义的民族教育又称"少数民族教育"，指的是对在一个多民族国家中人口居于少数的民族成员实施的复合民族教育，即多元文化教育。③

学者宝玉柱认为，民族教育是"泛称为民族的特定的人类集团的教育，其

① 顾明远：《教育大辞典》，上海，上海教育出版社，1998。

② 中国大百科全书出版社编辑部：《中国大百科全书·教育卷》，北京，中国大百科全书出版社，1985。

③ 哈经雄、滕星：《民族教育学通论》，8—9页，北京，教育科学出版社，2001。

内容是一种存在，也是一种精神。民族的一切教育行为、教育社会背景、教育制度、教育设施等属于前者；民族教育意识、教育思想、意识和哲学属于后者”①。本书提到的民族教育是少数民族教育的简称，是为培养少数民族学生所进行的一种教育实践活动。

五、研究价值与创新之处

在研究对象的选择上，对于美国多元文化教育的研究与中国大多数研究者选取的研究对象不同，本书旨在拓宽中国学者对美国多元文化教育研究的视野，因此在研究对象上特别选择了中国学者并不熟知但在美国多元文化教育研究领域亦为领军人物的格兰特。

在研究方法上，对研究对象的著作和学术论文进行文献研究的基础上结合与被研究者的一系列访谈来剖析其思想渊源，不仅可以全面地把握其思想形成的社会历史背景，而且可以发掘其思想发展嬗变的过程。

在研究思路上，突出思想性和实践性是本书的第三个创新点。在思想性方面，通过多学科的理论视野对格兰特多元文化教育思想的整体发展进行分析。同时，将格兰特多元文化教育思想的发展放置于整个社会文化的脉络中来解读，以探究其多元文化教育理论对多元文化教育实践与应用的深层次意义，这也是本书在实践性方面所体现的创新之处。

对优秀的国外多元文化教育家的思想进行分析，可以为人类学研究者、教育学家及有志于从事这方面研究的学者提供参考，并将为中国多元文化教育的政策、实践、课程革新提供理论参照。

---

① 宝玉柱：《民族教育研究》，4 页，北京，中央民族大学出版社，2009。

第一章　格兰特多元文化教育思想探源

第一节　格兰特的成长之路

一、格兰特其人

卡尔·格兰特，非裔美国人，1933 年 6 月 6 日出生在伊利诺伊州芝加哥。他的父亲是一名来自田纳西州纳什维尔的牙科医生，母亲是一名家庭主妇，来自美国南部的阿拉巴马州。现任威斯康星大学麦迪逊分校课程与教学系教授。1959 年获得田纳西州立大学理学学士，1972 年 1 月获美国威斯康星大学麦迪逊分校教育学博士学位。1962—1967 年执教于伊利诺伊州芝加哥市乔治华盛顿小学，1972—1974 年任威斯康星大学麦迪逊分校课程与教学系助理教授，1974 年晋升为教授，威斯康星大学赫夫斯 - 巴斯科姆（Hoefs - Bascom）荣誉教授，1993—1996 年间任美国多元文化教育学会主席，1996—1999 年任美国教育研究评论编委，1999—2001 年间任美国评估与教师质量国家研究理事委员会委员和前美国教育研究协会（AERA）出版委员会主席。1990 年被美国教师教育学会评选为教师教育的 70 位重要领导人之一，1997 年他获得威斯康星大学麦迪逊分校杰出成就奖（Distinguished Academic Achievement Award），2001 年获得美国多元教育学会多元文化教育学者奖（G. Pritchy Smith Multicultural Educator Award），2010 年获得美国教育研究会（AERA）社会公正教育奖（Social Justice Award），并在 2011 年获得美国教育研究会（AERA）颁发的导师奖（Mentoring Award）。

作为美国多元文化教育和教师教育研究领域的一位知名学者，格兰特一直笔耕不辍，从 1972 年在威斯康星大学完成其博士学位论文《城区黑人学生的自我概念、成绩和出勤率与课程教材相关性的实证研究》（*An empirical study of the effects of relevant curriculum material upon the self－concept, achievement and attendance of black inner－city students*）至 2013 年，格兰特已编著出版了三十多部学术著作。许多著作一版再版，并被译为多种国家文字。其中《多元文化教育的抉择：族群、性别与阶级的五种取向》一书是由格兰特和他的学生 C. 史利特（C. Sleeter）共同完成的。这本书自 1988 年出版以来已经再版了六次，由此可见其受欢迎程度。这本书可以称之为格兰特多元文化教育研究的标志性研究成果，书中所阐述的多元文化教育模式得到了广泛的认可。

格兰特作为 20 世纪 70 年代美国多元文化教育研究的倡导者和领军人物之一，他不仅在有关教育评价、课程与教学、教师教育、教育政策和教育改革等方面有所建树，同时也积极投身于国际学术交流之中，并将研究的视野逐渐从关注本国多元文化教育的问题扩大到对其他国家和地区多元文化教育问题的关注，如对中国台湾地区以及韩国和欧洲一些国家多元文化教育问题的关注使他获得了很高的国际声誉。但很可惜，格兰特的学术影响在中国是非常有限的，甚至可以说鲜为人知，也正是这一点促使笔者致力于从事研究格兰特的多元文化教育思想。

二、格兰特的学术之路

格兰特的学术之路不同于其他的学者，他在 39 岁时才拿到自己的博士学位，而即便在获得博士学位后考虑未来职业发展时也不曾想过要从事研究工作。面对是留在威斯康星大学麦迪逊分校教育学院课程与教学系任教，还是回到芝加哥继续他的教育管理者之路的选择上，是朋友的建议才促使他选择留在了威斯康星大学从事学术研究。他自己曾经说过，他希望成为一名小学校长而没有想过要成为一名学者。① 正是这有悖于其职业梦想的选择成就了他学术大师之路。

在格兰特看似偶然的职业选择中却存在着一定的必然。出生在20世纪30年代的格兰特虽然没有生活在深受吉姆·克劳法（Jim Crow Laws）压制的美国南部地区，但是在那样的年代，即便是生活在城市中产阶级家庭的格兰特也同样处于种族主义的阴影之下。年幼的格兰特并没有过多地感受到种族主义对他生活和学习的影响，因为从出生到进入大学读书的时间他都是生活在黑人社区，并就读于全部是黑人学生的学校中，少有白人介入他的生活自然也就谈不上种族主义对格兰特的童年和青年时期产生的负面影响。但是因为在学校中所使用的教科书一直以来都是别人用过的旧书，这让年幼的格兰特觉得很奇怪，他不明白为什么他和他的黑人同学们从来都没有使用过新的教科书，而且书中的内容很少涉及黑人的文化和历史，那个时候格兰特很难将这个简单的问题与种族主义联系起来，因为即便是用旧的教科书也没有影响到格兰特和他的黑人同学们的学习兴趣。② 美国公立学校中的种族隔离教育在布朗法案颁布50多年后才得以改善，美国黑人学生才获得了与白人学生同等的受教育权利。也许是童年时的这一个小小的疑问在格兰特心里埋下了种子，格兰特在博士期间选择的研究方向就是将黑人学生使用的课程教材作为其研究内容之一。

可以说格兰特从幼年到青年的成长过程中没有过多地受到种族主义的影响，在转去田纳西州立大学前一直生活在芝加哥南部的黑人聚居区，在那里他

---

① Carl A. Grant. Personal and Intellectual Motivation for Working from the Margin. In Carl A. Grant（Eds.）. *Multicultural Research: a Reflective Engagement with Race, Class, Gender and Sexual Orientation*. London: Routledge, 1999, PP. 157～167.

② 根据2013年4月25日对格兰特的访谈记录。

完成了从小学到高中的全部学业，他选择的学校都是黑人学生的学校，学校中只有极少数的白人教师。格兰特不是没有想过走出自己生活的圈子到外面的世界去看看白人学生是如何学习生活的，原本他也是有机会去其他的学校学习，但是他为什么最终又选择留在了既有的生活半径内而没有选择走出去看看外面的世界呢？那就不得不提到格兰特的母亲，正是这位来自亚拉巴马州的家庭妇女在格兰特两次重要的人生选择中给予格兰特足以影响他职业发展轨迹的建议。

第一次选择。格兰特的母亲在来芝加哥生活前一直生活在美国南部的亚拉巴马州汉茨维尔，美国南北战争时期南部联盟的首府就设在亚拉巴马州的蒙哥马利，而且在此后影响美国废除种族主义的重要民权运动和蒙哥马利抵制公共汽车运动中都扮演了重要的角色。由此可见格兰特母亲生活在一个种族歧视根深蒂固的地方，她亲历了种族歧视给黑人带来的伤害，因此保护她的孩子们不受种族歧视的影响在她看来自然是头等大事。格兰特的母亲第一次对格兰特的人生选择给出建议是在格兰特选择去哪所高中继续学业时。格兰特八年级毕业时想选择芝加哥大学实验学校继续高中学习，同时他将这个想法告诉了父母并希望获得父母的支持，但是格兰特母亲面对儿子的选择显得非常犹豫，她并不支持，她认为他们对这所高中了解不多，最重要的是这所高中不是一所黑人高中，她担心格兰特在这样的学校中受到歧视而影响他未来的发展。因此，她认为格兰特应该选择一所黑人高中，而不应该冒险去一所黑人白人混合的学校，就这样，格兰特失去了一次感受外面世界的机会。

第二次选择。格兰特的母亲改变了格兰特的选择是在格兰特申请大学时。格兰特高中时的成绩很好，在高中毕业申请大学时他想申请西北大学但是遭到了母亲反对，随后格兰特被伊利诺伊大学芝加哥分校录取。虽然他并没有预先为大学考试做准备，也没担心面对一个全部是白人的学习环境，却在入学考试中取得了很好的成绩。在他欣然准备开始一个全新的生活时，她的母亲又提出了影响他人生发展的第二次建议。格兰特母亲建议他去参观一下他兄弟们就读过的田纳西州立大学，这所大学是一所有着悠久历史的黑人大学。在拜访过就读于田纳西州立大学的兄弟们后，格兰特做出了选择，从伊利诺伊大学芝加哥分校转学到田纳西州立大学。他又一次将自己置身于远离种族主义困扰的环境之中。可能是受到父亲的影响，格兰特在田纳西州立大学读书期间选择的专业方向是理科专业，并且非常希望能够获得医学博士学位。但是在大学四年级时他也选修了很多文科的课程，因为他哥哥建议他如果没能进入医学院学习，他可以选择去教育学院，就这样格兰特选修了教育学院的课程，并且在教育系主任的“压迫”下仅用一年的时间就修完了两年的课程。同时在教育系学习的这一年时间里格兰特积累了自己第一次执教高中的人生经历。

格兰特的经历非常丰富而且并不是一直围绕既有的人生轨迹运行的，从田纳西州立大学毕业后他选择了进入美国陆军服役。在旧金山服役的两年中让格兰特真正的置身于一个完全不同于以往的生活环境，他从黑人的世界走了出来，同时也切实感受到种族歧视给他的心灵和肉体带来的伤害。我们很难想象作为唯一的黑人生活在他所服役的军队中所遭受的种族歧视对格兰特的影响，但这的确是格兰特第一次切身感受到种族歧视给他带来的伤害。格兰特在两年的军旅生活结束后回到了芝加哥，在芝加哥的两年里，他一直待在家里养病。当他身体复原后准备重新申请医学院时，他母亲说服了他继续从事教学工作，就这样，他通过了教育协会的教师资格考试，并且很快在当地小学获得了代课教师[①]（Substitute Job）的职位。此后，格兰特获得了芝加哥华盛顿学校的教职，在华盛顿学校工作的五年里对格兰特的学术生涯有着很大的影响，并且在此期间他通过夜校学习获得了罗拉大学的硕士学位。1967 年 1 月他开始在威斯康星大学课程与教学系攻读博士学位，博士期间他并不是把全部的时间用来进行学术研究，而是往返于麦迪逊和芝加哥之间继续从事着自己作为小学代课教

① 代课教师：美国的代课教师制度与中国的代课教师制度不同，美国有专门的代课教师管理机构，当学校的正式教师因病假或事假短期无法上课时，则需申请由代课教师来负责完成休假期间的教学任务，代课教师并不是学校的固定教师，而是服务于一定区域的所有学校。

师的职业。1972 年 1 月格兰特顺利获得了自己的博士学位并且留在了课程与教学系担任助理教授，至此他开始了自己的学术生涯。1978 年他获得课程与教学系的终身教职。在格兰特申请终身教职的过程中他遇到了一点小麻烦，他用“勉强”通过来形容自己获得终身教职的状况。[①] 在那个时候很少有人认同和理解他所从事的研究——多元文化教育研究，这就意味着很难在通常的教育杂志上发表他的研究成果。他记得在别人的鼓励下他才将自己的一篇文章提交到《教师教育周刊》，但他的文章却没有得到正式发表。作为美国多元文化教育研究早期的倡导者之一，格兰特为推动美国多元文化教育的研究做出了巨大的贡献。他顶着巨大的压力而坚持自己的研究方向并为其发展努力争取各方支持，最终使多元文化教育得以受到关注发展，并成为影响美国少数群体学生教育的重要研究内容。

在格兰特的执教生涯中培养了很多在美国教育界知名的学者，美国多元文化教育研究领域的另一知名学者 C. 史利特就是格兰特的学生，他们既是师生关系又是学术研究上的合作者，他们共同发表了很多学术著作和文章，甚至格兰特有关多元文化教育研究的核心理论都有 C. 史利特的参与。格兰特与学生的关系非常融洽，他不仅是学生的严师也是良友。他曾经谈起在与学生的教学中那种融洽的亦师亦友师生关系是来自于父亲的影响，因为在格兰特小时候他的父亲经常给他们讲读书时那些帮助关心过他的老师，正是父亲讲给他们的这些事情影响了格兰特与学生的关系，他更愿意以朋友的身份与他们相处。已经 80 岁高龄的格兰特还在从事着多元文化教育的研究，细细算来格兰特在多元文化教育研究领域已经工作了快 50 年的时间，对于他的学术之路我们很难通过宏观的视角予以审视，所以更能促使我们对格兰特的学术之路展开进一步的了解。

① University of Wisconsin – Madison Archives Oral History Program Interview Grant, Carl A. , February, 2008.

第二节　影响格兰特学术研究的人生经历

一、在芝加哥教学

格兰特从小生活在芝加哥的黑人社区，并一直就读于芝加哥的公立学校系统。因为始终生活在以黑人为主的社区中，所以格兰特在他的基础教育阶段从未感受过公开针对黑人的种族歧视。然而，从军队退役后经历了两年病痛的折磨，格兰特选择作为一名小学教师回到了自己生活过的芝加哥南部城区。正是在芝加哥教书的这段时间使格兰特明白了种族主义与社会阶级主义有很多的表现形式，而那些号称反对种族主义、帮助来自贫困家庭学生的政策有时仅仅是美丽的说辞。而对于那些黑人学生来说，相比于给学生们做一场精彩的演讲或是帮助他们解决学习中遇到的难题而言，如何让学生们了解他们正处于一种无助的困境之中则显得更为艰难。在芝加哥城区教学的经历让格兰特从自我营造的理想境遇回到了现实，也正是自己的亲身经历唤起了他对种族主义问题的深入思考。

格兰特在芝加哥南部城区的乔治华盛顿学校开始了执教生涯，他在八年级讲授科学和社会学两门课程。八年级教师组中共有五名教师，他们都是非裔美国人，其中有两位是没有教学经验的新教师，其他三位是有过一年教学经验的教师。随着彼此了解的增多，格兰特慢慢发现他的同事和他都有着强烈的愿望成为一名优秀教师，并且希望能够真正地帮助到他们的学生。同时他们也意识到作为一个团体，他们应该让学生们意识到这个团队的存在，他们愿意通过团队合作更有效地完成他们的目标。格兰特在大学里学习的是生物学专业，他非常喜欢自己的专业，对于能够教授与自己专业相关的课程他非常兴奋，因为他认为这个学科对于学生来说，既可以作为一门工具学科也可以在将来成为一种谋生的手段。

在慢慢的接触中格兰特发现他的黑人学生们都是聪明又听话的，尽管他们中的有些人是当地的帮派成员，却没有把那些习气带到校园里。虽然学生们都盼着 6 月份的毕业典礼，但是有些学生对未来四年的高中生活充满了迷茫，而且并不了解高中生活对于他们未来职业生涯选择和生活环境改变的重要性。认识到这点后，格兰特和他的同事们希望通过组织各种活动使他们的学生了解到接受良好教育的重要性，以及如何获得良好的教育。他们希望通过各种活动来告诉学生们珍惜现在所获得的受教育机会，因为这是他们的黑人祖先冒着生命危险而争取到的学习机会。最重要的，他们希望学生们能够明白作为非裔美国人有责任尽可能使自己做得更好，同时他们也希望学生们能够明白非裔美国人想要在美国社会上获得成功不是一件容易的事情，但是教育则是他们获得想要拥有的生活的唯一正确途径。在教学实践中，格兰特和他的同事们不仅要帮助学生准备标准化考试，还要帮助他们准备兼职工作的面试。同时，格兰特希望学生们了解一些能够激发他们种族自豪感的历史和文化知识，但是他和同事们却找不到任何已有的相关研究和系统实践指导，他们唯一拥有的就是那份帮助学生了解种族主义和社会中存在的不正义现象的决心。

对于格兰特和他的同事们来说，很难想象这些生活在芝加哥城区的学生很少有人去过市中心，他们甚至没有离开过南部地区，也没有享受过政府为市民提供的各种公共教育和社会福利资源，更没有机会了解作为非裔美国人他们的祖先为美国社会发展所做出的贡献。格兰特和他的同事们利用课余时间带着学生们去参观博物馆、艺术展，还去电影院看电影，如果有机会还会带着学生们去参加由黑人或是其他少数族裔举办的各种展览，尽管这类展览很少，但是他们希望通过这些有限的代表黑人的作品能够使学生了解黑人和其他少数族裔群体对美国社会和文化的发展所做出的贡献。格兰特不禁要问是什么原因造成了生活在城区的学生与城市生活的脱离，学生的家长给出的答案是：因为他们刚来到这座城市不久，没有听过这些免费的公共服务。这个看似合理的理由让格兰特和他的同事们很难信服，因为他们知道这仅仅是表面原因，真正的原因则是社会对黑人存在的固有偏见，造成了他们与主流社会的脱离。格兰特他们发现，很多教师因为在标准化测试中看到黑人和来自贫困家庭的学生的成绩不好，而形成了固有偏见认为黑人学生不够聪明，在这种情况下黑人学生很难对自己有清晰的认识，从而导致了他们受教育生涯过早结束。尽管有些黑人学生会在标准化测试中取得优秀的成绩，但是仅仅是教师的认可，而无法保证他们在学校和社会中获得同样的肯定，他们要面对种族主义带来的种种阻碍。种族主义存在于学校之中，他们所面对的外面的世界甚至在他们生活的社区中种族主义的阴影也无处不在，因此成绩优秀的黑人学生想要获得成功则要比白人学生付出和承受更多。

格兰特博士学位论文的题目是《城区黑人学生的自我概念、成绩和出勤率与课程教材相关性的实证研究》，之所以选择这个题目作为博士阶段的研究内容，正是源于其在芝加哥的这段教学经历。在教学的过程中，格兰特发现学生们使用的教材忽略了非裔美国人对美国社会发展做出的贡献，黑人被视为美国社会的二等公民。当他针对课程教材存在的问题向校长提出增加些课外图书和科普活动时，校长拒绝了他的要求。然而拒绝他的理由是：一方面，他们正在考虑增加一个新的阅读计划而需要资金支持；另一方面，校长认为增加课外图书和科普活动对于格兰特的教学作用不大，因为他的学生以后从事的职业不会与科学有太大的关系。① 这样的答复让格兰特觉得很无助，因此他这次为学生争取更多学习机会的行动以失败而告终。

令格兰特欣慰的是，他在学校的图书馆里发现很多介绍非裔美国人文化和历史的书籍，其中很多作家还是优秀的非裔美国人。但是格兰特慢慢地发现正

① Carl A. Grant. Personal and intellectual motivation for working from the margin. In Carl A. Grant(Eds.). *Multicultural Research: a Reflective Engagement with Race, Class, Gender and Sexual Orientation*. London: Routledge, 1999, PP. 157～167.

是这些“非官方”的书籍给他的非裔学生带来了困惑。“官方”的课程教材中为学生们提供的有关非裔美国人的信息非常有限，但是图书馆中这些书籍的内容却丰富了学生们对于非裔美国人的历史知识，这让学生们感到非常的困惑和沮丧，他们希望老师能够帮助他们解释遇到的这些困惑。格兰特作为美国公立教育系统的一名非裔教师，他并不知道如何通过“官方”提供的信息来帮助学生们化解学习过程中遇到的这些有关种族问题的困惑。他清楚地知道作为一名普通的非裔教师，在以白人为领导核心的教育体系下，他们的非裔同伴是无法参与到学区和学校相关政策的制订之中的，他们所能做的只是向学生传授知识，向学生们阐述教育的重要性，同时还要和学生们分享作为非裔美国人他们是如何在种族主义的阴影下获得“成功”的。格兰特深深地感受到和学生分享这些个人经历对于处于迷茫中的学生是多么的重要，教师对学生的影响不仅仅是简单地向学生传授知识，同时也影响着学生价值观和人生观的形成。在芝加哥的这段教学经历开启了格兰特对教师教育及课程教材对学生自我发展影响方面的研究思考，也为其在以后的学术生涯中将多元文化教育研究作为自己的研究领域奠定了实践基础。

二、理想与现实的冲突

在20世纪60年代末至70年代初，格兰特和他的三个同事一边工作一边进行研究生课程的学习。他们的想法很简单，希望通过硕士研究生的学习经历帮助他们成为学校的管理者，格兰特更希望在未来他可以成为一名校长，从而可以在芝加哥的教育系统中担当更高级别的管理者，这是格兰特一直以来的梦想。之所以有这样的想法，是因为格兰特认为他和他的同事只有通过这种方式参与到美国的教育改革之中，才能有机会改变美国教育系统中存在的种族主义倾向。他们相信，如果作为非裔美国人的他们能够成为美国公立教育系统的管理者，那么他们一定会探索出消除学校中存在的种族主义的办法。

在研究生阶段的学习和多年的从教经历后，格兰特认为他们当时的这个想法很不成熟甚至是狭隘的，但是那时候的格兰特和他的同事们为了这个梦想付出了很多努力。他们除了参加研究生的课程学习外，还积极参加各类私人基金会支持的教职人员培训项目。尽管这些学习项目开设的课程很多都是针对市中心学校的教师，但是格兰特他们还是很认真地参加全部的学习。他们慢慢地发现教授们讲授的内容和他们在教学中的所见所感并不相同，甚至是矛盾的。他感觉到在研究生课程中授课的教授们并没有很多在城区学校工作的经验，更多的时候，教授们依赖于指定的材料组织他们进行讨论，而这些材料都是关于在市区就读的学生的情况。格兰特认为参与教师培训材料编写的大多数作者没有在城区教学的经验，或是并不了解少数族裔学生的教学与白人学生教学的不同，往往涉及对种族、社会阶层和性别的理解上时，都带着固有的成见去看待所出现的问题。特别是对于就读于城区的非裔学生的看法，他们被认为是在文化上被剥夺的一批人，是不需要在白人和中产阶级的文化背景下对他们进行补偿教育的；他们生活的社区是城市中的“贫民窟”和“落后地区”；教育对于他们这群人的意义不大，因为是家庭的原因导致了这些非裔学生缺乏自律性而致使学习成绩不理想。

这些对于非裔学生的偏见深深地刺痛了格兰特，因为在教学过程中他发现其所教授的这些非裔学生对他们所拥有的悠久的历史文化充满了自豪；他们生活的社区整洁而干净，虽然很多人的确没有很多的钱，但是他们一样热心于社区的建设；学生们则活泼好动，谦虚而有礼貌，对生活充满了希望。格兰特还发现，对于非裔学生来说不仅仅需要政府为他们提供平等的受教育机会和公平的教育过程。同时，还需要教师承担相应的责任，教师不仅需要掌握丰富的教学知识和教学技巧，还需要了解并尊重不同文化群体学生的文化传统，并积极关注学生的未来发展。

格兰特教学生涯中的一件小事对他产生了很大的影响。格兰特在一天下班后遇到了一个因为扭伤脚踝而无法步行回家的非裔学生，尽管学校有规定不允许教师私下送学生回家，但是由于无法通知这个学生的家长来学校接他，格兰特还是选择用自己的车将这个受伤的学生送回了家。在随后仅有的几次接触中，格兰特和这个学生的母亲熟悉起来，她成了格兰特的朋友和支持者，她告诉其他的学生家长，格兰特是一位关心学生并且可以被信任的教师。就是这样一件小事，格兰特明白了对于非裔和其他少数群体的学生，教师们的关心对于学生和家长来说有多么的重要。同时这些家长们将格兰特视为朋友，向他述说了对于学校和其他教师的看法。在这些家长眼中，很多教师对学生漠不关心，而家长们则很关心自己孩子的未来发展，希望能够与学校和教师建立有效的沟通渠道来帮助他们的孩子获得良好的教育，使他们在未来能够成为更为优秀的社会公民。格兰特所经历的这些与他在研究生课堂上听到的是完全不同的，他经常将自己课堂中学生们的表现告诉他的同学们，他的非裔学生在课堂中非常有能力进行自我管理，他们遵守纪律，积极参与各种课堂活动，并能及时完成布置的各种课堂作业。但是格兰特的同学们却认为他的班级是特例，他们用固有的偏见去评价非裔学生在学习上的表现，而认为非裔学生通常都是不遵守纪律、学习成绩差的学生。因为格兰特对于非裔学生的观点与大部分同学都不同，他经常受到其他同学的反驳，甚至有人指出他参加研究生课程是为了获得好的成绩而不是指导别人该如何教授非裔学生。研究生课上同学的做法让格兰特感觉到愤怒和沮丧，但是他却不知道该如何改变这种状况，因为他知道教授和同学们的这些做法是源于民族中心主义的毒害，换句话说，他们同样是种族主义的受害者。长期以来，他们所受到的教育就是支持白人的特权和熔炉主义思想，因此他们无法从尊重其他族裔文化传统的基础出发开展教育活动。

格兰特还积极参加了一些职业发展课程，但是他发现这些课程内容在相当大的程度上也是针对于在市区供职的教师，课程的核心内容以主流文化为基础，很少关注非裔美国人的文化和历史。当有非裔教师参加培训时，指导教师会象征性地安排些有关非裔美国人的阅读材料，让参加培训的教师自己阅读，指导教师不会给予其他方面的指导，甚至有些指导教师自己都没有阅读过发给学生们的这些材料。这样的职业培训课程让格兰特非常失望，不仅没有获得有针对性的教学指导，也无法帮助他们开阔视野丰富不同群体的文化知识。研究生课程和职业培训的内容让格兰特深深地感觉到与教学实际的脱离，使他陷入了迷茫之中，如何才能帮助那些教授非裔美国学生的教师成为困扰他的一个难题。尽管这个时候格兰特从未想过以后在大学中从事这方面的研究，但是工作和求学过程中遇到的现实问题却在他的内心埋下了种子，这也是他日后成为美国教师教育研究领域中杰出代表的重要动因。

三、儿童眼中的文化认同

面对来自各方面的质疑，格兰特始终相信自己对非裔学生的认识是正确的。在格兰特看来非裔学生对新知识充满了渴望，他们希望通过努力来实现自己的人生价值，同样也希望能够融入主流社会来证明非裔美国人同样是一个优秀的种族。格兰特并不愿意理会那些质疑他的人，但是那些人却从未停止过对格兰特的说服，并试图使他相信他所遇到的那些非裔学生是例外。另一件发生在格兰特攻读博士学位期间的事情，更使他坚信了对非裔学生的看法。

格兰特博士期间选择的研究方向就是针对在城区就读的黑人学生的自我概念、成绩等与他们所使用的课程教材内容相关性的研究。格兰特在朋友的帮助下选择了一所城区的黑人小学进行相关的研究，其中一项研究内容需要选取三年级和六年级各 10 个班学生进行阅读成绩与自我概念间的相关性对照试验。这一阶段研究中最重要的部分是考察学生在进行“我们是黑人”的阅读项目过程中对自我概念和阅读成绩的影响。格兰特选择的这 20 个班级学生的成绩比较低，并且任课教师们普遍反映学生们对教师和学校布置的任务缺少积极性，最重要的这 20 个班级中都只有黑人学生。在试验班级中，格兰特和他的助手向学生们发放“我们是黑人”的阅读材料时，学生们的那份喜悦与兴奋深深地感染了格兰特。他从没见过学生们对阅读材料如此地感兴趣，学生们如饥似渴地阅读这些材料，因为这些材料都是有关黑人的故事，而且学生们还不时地彼此讨论和分享着相关的信息。格兰特通过观察和与教师们的讨论发现，学生们讨论的内容不是课后题目的答案而是分享他们在读到有关黑人故事后的那种振奋的感觉。可以看出，平时这些被认为学习成绩差的黑人学生对待这些阅读材料如获至宝，他们对书中的黑人英雄充满了尊重与崇敬之情，而且教师们发现学生在使用这些阅读材料的阅读课上已经不存在课堂纪律的问题了。六年级的学生则希望格兰特告诉他们在哪里可以获得更多的有关黑人成长和发展的书籍，因为他们从来都没有使用过根据非裔美国人的特点而设计相关课程的材料。对照组的学生则表现得非常气愤，因为他们无法使用这些阅读材料。学生们对自己族群文化和历史知识的渴望深深地触动了格兰特，正是作为试验对象的学生们的表现让他再一次坚定了自己对非裔学生的看法，他们与主流社会的学生一样热爱学习，更愿意了解那些能够激发他们族群自豪感的东西。而非裔学生却要忍受着由于社会和学校教育所持有的固有偏见而带来的痛苦与不公平，他们想要获得社会认可则需要付出更多。

通过这次研究，不仅肯定了格兰特有关课程内容与学生表现间相关性的判断，为格兰特日后进行的相关研究打下了良好基础，同时也使格兰特认识到研究学生的学习兴趣与学习需要对学生发展的重要性。

四、“为美国而教”

多年的教学经历使格兰特对教师角色的认识更为深刻，特别是在20世纪90年代初期担任名为“为美国而教”（Teach for America，TFA）的非营利组织的暑期培训项目主管的一段经历，进一步促使格兰特对教师教育问题的思考。“为美国而教”作为一个非营利性组织，在90年代实施了一项为美国乡村和城区培训500名预备教师的教师培训计划，能够成为该计划培训对象的预备教师都是经过严格筛选、且学业成绩优秀的大学毕业生。不同于其他的教师培训项目，“为美国而教”组织的这个培训项目更强调培训对象的组成要平衡不同种族和性别。

格兰特所参与的这期暑期培训的核心理念和主要课程是以多样性和多元文化教育为基础，但是让格兰特想不到的是，在培训之初这些经过遴选的来自不同群体的学员却都持有民族或种族中心主义的观点。最初他们只对涉及他们自己群体内容的课程感兴趣，甚至有些学员只关心如何能够教好他们自己群体的学生，还有些人认为他们已经具备了教授自己群体学生的基本技能。学员们的表现让格兰特非常吃惊，这样一群优秀的预备教师在面对来自不同群体的学生时，却只狭隘地关心如何教好自己群体的学生，而忽略了那些来自其他群体同样需要帮助的学生。

格兰特理解为什么在学员中会出现的种族或民族中心主义的倾向，特别是那些来自边缘群体的学员的表现，因为这是源于过去的社会发展和学校教育对种族问题所持有的观点。以非裔学生为例，因为种族歧视他们曾在社会和学校中受到了苛刻的对待，因此现在他们有能力帮助其他的非裔学生时自然就希望能够通过教育关注学生们的发展从而来帮助他们实现自己的理想。但格兰特认为，作为一名教师却不能因为自己的喜好或是某种偏见，而忽视对其他群体学生的关心和帮助，因为除了种族问题还有很多其他原因造成了社会的不平等。

在“为美国而教”暑期培训项目的这段经历，使格兰特明白尽管教师培训不能让所有的教师都全身心地投入每一个学生的教育之中，但是可以帮助教师获取所需的基本知识和教学技巧。而且还需要帮助教师们建立多元化的视野和多元化的知识体系以备帮助更多来自不同群体的学生。“为美国而教”暑期培训项目的经历，也让格兰特明白作为一名教师要时刻审视自己的理念与信仰和课堂教学的实践，以免因为观念的局限和社会的变化影响到教育公平的准则。

正是在工作和学习中遇到的这样一件件小事推动着格兰特走向了学术之

路，并影响着他的研究方向与研究视野。格兰特之所以能够成为美国多元文化教育研究领域的领军人物，与他在基础教育阶段的执教经历是分不开的，更是这样一件件看似平常的小事引导着格兰特突破种族局限走向更为广阔的研究之路。

第二章　种族、文化与教育公平

作为早期多元文化教育研究的倡导者，格兰特对多元文化教育研究问题的关注是源于对单一族群——黑人教育问题的研究，以此为开端，格兰特的研究几乎涵盖多元文化教育领域的每一个主题。而对种族、文化与教育公平问题的研究，格兰特认为是其多元文化教育研究的重要组成部分。①

格兰特在1972年完成的博士学位论文《城区黑人学生的自我概念、成绩和出勤率与课程教材相关性的实证研究》是其第一篇系统研究黑人教育问题的研究成果。格兰特的博士学位论文并没有全文公开发表，而是陆续地发表了部分内容。1973年格兰特发表在《教育研究》中的《不同的课程材料，不同的教学效果》一文即为其博士学位论文的一部分。此文通过对随机选取的黑人学生进行有关课程材料对学生自我概念、成绩和出勤率间相关性的研究，而得出不同的课程材料影响了黑人学生学业成就的高低。随着格兰特对黑人问题研究的体系化，其研究突破了群体局限开始关注与种族问题相关的文化问题和教育公平问题。格兰特在《多元文化主义、种族与公共利益》一文中认为研究者们应该对多元文化教育予以持续的关注，而对于种族问题则需要给予特别的关注。双重化的社会结构致使种族主义在美国横行，黑人和其他少数族裔始终没有获得真正的平等对待，更没有享受到生活在多元化社会为他们带来的益处。如果由于种

① 2013年4月9日威斯康星大学课堂记录。

族问题引发的美国社会的双重结构问题无法得到解决，人们就会对构建多元化社会产生敌对情绪，民主理想与现实之间的断层必然会不断加大，国家和民众的公共利益将无法实现。①

第一节 格兰特对学校教育中的种族、阶层和性别问题的研究

格兰特从最初对黑人教育问题的关注发展到对其他少数群体教育问题的关注，是因为他认识到所有被边缘化的群体的教育问题同样应该是多元文化教育研究的内容，而正是这些被边缘化的少数群体构成了美国的多元化社会。以种族问题为切入点，格兰特对少数族裔的教育问题进行了全面的研究。随着研究的深入格兰特认为单纯考察学生的种族问题对学校教育的影响是不够全面的，学生所处的社会阶层、性别和残障问题对学校教育的影响也是无法忽视的。因此格兰特从不同角度对影响学校教育的种族、阶层、性别和残障问题进行了深入探讨。在《班级中的种族、阶层、性别和残障问题》一文中，格兰特旨在帮助教师运用多元文化教育的方法建立一种教育思维，即所有的学生都享有公平的受教育机会。此外，格兰特对种族、阶层和性别问题的研究还涉及各教科书内容的选取。在《当前教科书中种族、阶级、性别和残障人问题》一文中，格兰特指出教科书应该向学生们教授的是美国社会的多样性及其平等的发展史。对种族、阶层和性别问题的研究构成了格兰特多元文化教育研究的重要组成部分，此后格兰特将研究范围扩展到了其他边缘群体，以此为基础构成了其多元文化教育研究的雏形。

① Carl A. Grant. Multiculturalism, Race, and the Public Interest: Hanging on to Great - Great - Granddaddy's Legacy. In G. Ladson - Billings & W. Tate. *Education Research in the Public Interest: Social Justice, Action, and Policy*. New York: Teachers College Press, 2006, PP. 158 ~ 172.

一、对学校教育中种族问题的研究

在进入威斯康星大学课程与教学系攻读博士学位之前，格兰特一直在芝加哥南部城区的一所小学从事科学和社会课程的教学工作。一直以来格兰特对于黑人学生所使用的教材都带有疑问："为什么在学生们使用的教材中没有有色人种的科学家?"格兰特带着这个疑问在威斯康星大学攻读博士学位期间开始了对学生使用的课程教材内容的调研，并进一步思考如果教材内容与有色人种学生的发展相关会对学生有什么样的影响？与此同时，Vere De Vault 与 Science Research Associates（出版社）合作出版了《我们是黑人》系列读物，格兰特获得了 20 套，并利用这 20 套系列读物，用了一个学期的时间在芝加哥城区的一所学校进行实证研究，并最终完成了他的博士学位论文《城区黑人学生的自我概念、成绩和出勤率与课程教材相关性的实证研究》。这是格兰特第一次从学术研究的角度系统地思考黑人教育的相关问题。此后，格兰特在学术方面的研究成果极为鲜见。尽管已经进入 20 世纪 70 年代，民权运动的影响作用已初见成效，但是种族歧视依然困扰着美国社会，少有学术刊物愿意刊登与种族主义相关的学术论文。格兰特也认为在那个年代少有理解和推崇他研究成果的人，因此很难找到愿意发表他研究成果的教育类学术期刊。①

1975 年，格兰特在《教育的领导力》杂志上发表了一篇题为《白水煮胡萝卜并不是蔬菜汤：学校和社会中的种族主义》的文章。文中深刻地剖析了美国社会和学校中存在的种族主义问题。他认为学校助长了美国社会中种族主义的发展，因为学校教育为种族主义的发展提供了机会，同时也在维系着种族主义发展。在学校的教学过程所体现的种族主义有时是赤裸裸的，教师们公开使

① University of Wisconsin – Madison Archives Oral History Program Interview Grant, Carl A. , February, 2008.

用带有种族歧视内容的教材，学校中缺少来自少数种族的教师和管理人员，多样化的教职人员组成应该体现在各个决策层面。[①] 格兰特认为也正是这篇文章使他感觉找到了自己的研究方向，同时也认为除了能为有色人种伸张正义外他还可以为他们做很多事情。[②]

格兰特在种族主义问题上另一篇具有代表性的文章是 1988 年在《小学教育》期刊上发表的《种族问题在学校教育中的持久性意义》。文章认为种族问题是学校教育中一个重要的动态因素，教师在教学过程中要认真思考种族问题对所有学生的影响特别是对有色群体学生的影响。格兰特认为，学校中不同种族学生的融合是一个动态过程；对有关种族问题的认识过于单一，应该在经济和社会阶层的范围内帮助学生理解种族问题；教育工作者们为了更好地理解教育过程应该将种族问题同社会阶层和性别问题综合起来进行思考；当前的学校改革中忽视了有色群体学生。[③] 小学阶段是学生们走出家门第一个系统了解种族问题的社会环境，因此小学生对种族问题了解的范围应该更为广泛，并且应该了解的是现实且真实的情况。小学生应该尽早从文化、经济和政治的层面来了解种族问题，而教师对种族问题的认识应该从多元文化的层面进行思考。格兰特始终强调在学校教育中的种族问题不是一个孤立的问题，教育工作者必须在经济、政治、社会阶层和性别的多元化的层面中予以审视，才能帮助学生特别是有色群体的学生把握住改变命运的机会。

二、个体特征对学校教育质量的影响

20 世纪 80 年代，由冷战引起了激烈的国际竞争，美国政府认为需要通过

① Carl A. Grant. a Carrot in a Pot of Water is Not Vegetable Soup: Race in School and Society. *Education Leadership*, 1975, 33, PP. 184 ~ 188.

② 根据 2013 年 3 月 5 日与格兰特谈话记录。

③ Carl A. Grant. The Persistent Significance of Race in Schooling. *The Elementary School Journal*, Vol. 88, No. 5, Special Issue: Minorities, 1988, PP. 561 ~ 569.

发展教育来增强国家实力，同时科技的发展需要教育的支撑，高质量的教育是这一时期国家发展的重要突破点。1983 年 4 月，美国国家教育委员会提交了一份名为《国家处于危机中》的报告，报告指出，因为学校教育质量的下滑而致使美国在国际竞争中处于弱势地位，所以学校教育改革势在必行，改革应该包括为所有学生建立新的课程体系，提高教育标准和教师质量，延长学生的学习时间和增加作业量，同时要加强联邦政府和州政府对教育事务的管理。但格兰特认为仅仅通过这些方面来改善美国教育体系中存在的问题是无法实现全面提高美国教育质量这一目标的，即便在政府的推动下美国的教育质量得到了提高，也只是针对中产阶级的白人学生，特别是男性学生。① 格兰特和他的研究团队用三年的时间在城区高中选取了一定的样本，从影响社会分层的种族、阶层、性别、残障等问题入手研究这些个体特征对学校教育质量的影响，同时也考察了教师和行政人员的构成特点对学校教育质量的影响。

格兰特通过观察、访谈等研究方法对研究样本进行研究，发现大多数学生对不同的文化传统知识了解的很有限。在学校里学生们通过教师和管理人员了解到的是任何种族间都是平等的，因为无论是在课堂中使用的教材，还是教师的授课过程学生们了解到有关种族文化的知识都是零散的。同时，学生们在学校中受到了公平的对待，这使学生们认为任何种族都是平等的，种族主义并不是个重要问题。格兰特认为，这样一种假象会为以后反对白人的特权埋下种子。也就是说，如果学生一直认为不同的种族间是平等的，那么以后他们就会挑战这种以白人文化为主导的社会体制，为社会的和谐发展带来隐患。

对于性别问题，格兰特研究发现学生有关性别方面的文化知识更多地受到所在地区经济情况、生活方式、家庭观念、媒体和学校的影响。学生们在学校中获得的有关性别差异的知识通常是与真实的社会生活相反。学生们在学校中

---

① Carl A. Grant, Christine E. Sleeter. *After the School Bell Rings*. Philadelphia: The Falmer Press, 1986, P. 2.

没有因为性别原因而受到不公平的待遇，而现实情况是性别差异在学校中表现得更为明显。学校里完全接受社会中的性别观念，即男性主导社会，学校的课程是通过强调男性获得的成就来淡化男性与女性间的关系及对男性权威的挑战，由此而深化了男性的社会主导地位，这就使性别差异问题看起来仅仅是个体性问题而不具有共性。

社会阶层对学生的影响通常来自父母的工作角色、家庭的收入水平和学校，而学校的影响又是三者中最为重要的。一方面，学校所在地区和教育水平决定了学生所在家庭的社会阶层，这样就会限制学生获得不同社会阶层方面的知识；另一方面学校开设的课程中没有关注阶层问题，或者来自不同社会阶层背景的人物和他们的生活方式，自然也不会谈到不同的社会阶层会给学生发展带来哪些影响。[①] 学校无视学生的种族、性别和社会阶层，而是用一种固有的模式为来自不同种族、不同性别、不同社会阶层的学生圈定了发展路径，必然会限制学生努力开创自己未来的能力。

格兰特将学生的种族、社会阶层和性别视为个体的主要特征，以这三个特征为出发点进行实地研究，探索影响学校教育质量提高的根本性原因，并直指美国进行的旨在提高教育质量的有关改革忽视了学生的个体特征和文化的多样性，盲目地推行不具有针对性的教育改革措施。格兰特认为尊重学生的个体特征是学校教育的根本原则，因此提高教育质量不能片面地依赖于推行标准化测试，而应是在充分考察学生个体特征的前提下采取相应的措施提高学校的教育质量。

三、种族、阶层和性别问题研究的误区

随着格兰特对有色人种教育问题研究的深入，他发现仅仅就种族因素来研

① Carl A. Grant, Christine E. Sleeter. *After the School Bell Rings.* Philadelphia: The Falmer Press, 1986, PP. 35 ~ 37.

究美国社会中有色人种的教育问题是无法认识到影响有色人种发展的根本原因的，因此他始终坚持认为要综合种族、阶层、性别因素来考察美国社会中有色人种的教育问题。尽管在20世纪70年代至80年代的20年中，很多美国的社会学家和教育学者们非常关注种族、阶层、性别因素对学校教育的影响，但是格兰特发现大多数学者的研究通常忽视了这三者的联系并将其割裂开来。格兰特和他的学生C. 史利特在1986年共同完成的论文《教育研究中的种族、阶层、性别的综合分析论证》中针对这一现象进行研究。他们采用了类型学的研究方法，对1973年至1978年间发表的与种族、阶层、性别直接相关的对学校教育影响的71篇文章，进行分类研究，来考察研究者们对这三个因素的关注程度，及综合这三个因素中的任意两个因素和三个因素对学校教育进行研究的研究者所占比例，从而得出很多研究者无视其研究目的而将这三个因素一概而论，导致了研究者对被研究对象多重身份的忽视。如对学生在学校中群体关系的考察，就需要综合学生的种族、阶层和性别因素去考察，因为有研究证明这三者共同影响了学生在学校的社会行为。因此，格兰特认为如果不能综合考虑这三个因素，那么对有色群体学生受教育问题的研究将会导致对问题的简单化，同时也会带有偏见，从而影响研究结果。

TABLE Ⅳ

Articles with Equal Focus on Race and Gender

Article	Kind of article	Area of study	Race and gender integrated?	Attention to social clall;	
				Amount Integrated?	
Hennessy and Merri－field (1978)	Survey study	Cognitive attitudes	Yes	None	
Lightfoot (1976)	Research review	Black girls	Yes	None	
Simpson and Erickson (1983)	Survey study	Teacher behavior	Yes	None	Yes

TABLE V

Articles with Equal Focus on Race, Social Class and Gender

Article	Kind of article	Area of study	Race, social class. gender integrated?
Kirp (1977)	Issue analysis	Equal opportunity litigation	No
Rumberger (1983)	Survey study	Dropouts	Yes
Tollett (1982)	Issue analysis	Litigation and legislation for equal opportunity	No

图 2-1　格兰特针对 71 篇文章所选取的研究角度①

格兰特通过类型学的研究方法对所选取的 71 篇文章进行了有关文章类型、研究领域和关注角度的分类研究，以唤起学者对影响学校教育的种族、社会阶层和性别问题的关注，特别是不能局限性地认为学校教育是受到某一个单一因素的影响，而是要从综合的角度考察各个因素共同作用对学校教育的影响。特别是针对于少数群体学生在学校受教育情况的研究，更是要综合性别和社会阶层的影响来考察。

格兰特针对种族、社会阶层和性别的问题进行了较为深入的研究，研究范围涉及从小学到大学中学生所使用的教材内容、班级生活、学生自我概念的形成等方面。可以说格兰特对学校教育中学生种族、社会阶层和性别问题的研究是其多元文化教育研究中重要的部分，而随着研究的深入格兰特并不局限这三个因素对教育问题的影响，而是将影响因素扩展到权利、语言问题、身体障碍等方面，从更为全面的角度考察了少数群体学生的教育问题。

① Carl A. Grant, Christine E. Sleeter. Race, Class, and Gender in Education Research: An Argument for Integrative Analysis. *Review of Educational Research*, Vol. 56, No. 2, 1986, PP. 195 ~ 211.

第二节　布朗法案对教育公平问题的影响

一、布朗法案的历史背景

1950 年代早期住在堪萨斯州中西部的托皮卡镇的黑人奥利佛·布朗（Oliver Brown）由于种族隔离教育不能送他的女儿琳达·布朗（Linda Brown）去离家很近的白人小学上学，而只能去离家很远的黑人小学。布朗认为托皮卡教育委员会建立种族隔离的小学违反了美国宪法第十四条修正案，即“在合众国出生或归化合众国并受其管辖的人都是合众国和其所居住州的公民。任何一州，不能制订或实施限制合众国公民基本权利或豁免权的法律；不经正当的法律程序，不得剥夺任何人的生命、自由或财产；在管辖范围内，也不得拒绝给予任何人以平等的法律权利”①。在全国有色人种协进会的支持下，布朗把托皮卡教育委员会告上了地方法院。地方法院虽然认为公立学校的种族隔离对黑人儿童造成了伤害，但是由于 1896 年普莱西案的先例，只要黑人学校和白人学校的设施质量相同，黑人儿童就被认为受到与白人相同的待遇。1952 年 12 月 9 日，美国联邦最高法院对布朗案、布瑞吉斯案、戴维斯案、波林案和格勃哈特案五起有关学校种族隔离的案件一起进行了审理，历史上称为“布朗案”。联邦最高法院把这几个类似的案件集中在一起审理意味着学校种族隔离已成为一个重要的国家问题。经过两次开庭审理，最高法院最终判定种族隔离的公立学校制度违宪。

① 美利坚合众国宪法第十四条修正案中译文见 http：//zh. wikipedia. org/wiki/%E8%81%94%E9%82%A6%E5%AE%AA%E6%B3%95%E7%AC%AC14%E6%9D%A1%E4%BF%AE%E6%AD%A3%E6%A1%88。

布朗法案在法律上结束了公立学校种族隔离的教育体制，拉开了取消公立学校种族隔离的序幕。但是布朗法案的实施在许多地方受到了白人大规模的抵制，他们出现了自由择校和离开公立学校的情况，一些公立学校被关闭，直到 1964 年民权法通过后才重新开放。1956 年，国会中所有的南方议员共同发表了所谓的《南方宣言》（*Southern Manifesto*），倡议用"一切法律手段"反对学校取消种族隔离。愤怒的白人走上街头对这一政策进行抵制。1964 年，即在布朗案判决 10 年后，只有不到 2% 的黑人学生在南方公立学校与白人同校。

二、格兰特对布朗法案的研究

布朗法案对美国社会和教育制度变革所带来的影响之深远，是美国历史上任何一个立法决议都无法企及的，这自然会成为教育研究者们竞相关注与研究的一个重点。格兰特对布朗法案的研究从两方面着手，一方面从如何运用多元文化教育的理论来分析帮助布朗法案兑现其为有色人种学生许下的承诺，另一方面在多元化社会的架构下审视布朗法案为美国社会和教育制度的完善带来的推动作用和挑战。

（一）布朗法案的承诺与多元文化教育

平等的受教育机会是布朗法案所体现的核心内容，这也是他对黑人学生的承诺。但是在布朗法案和布朗第二法案颁布的二十年时间里，布朗法案受到了白人种族主义者的重重阻挠，直到 1964 年民权法案实施后美国的种族隔离教育才真正得以废除，黑人学生才真正地享有了与白人学生同等的受教育权利。格兰特认为有两方面的原因阻挠了联邦政府兑现布朗法案为黑人学生和其他有色人种学生许下的承诺，一方面布朗法案的实施受到了包括联邦政府在内南部各级政府的回避与拖延，这其中还包括白人的抗议，如以前的白人学校拒绝为黑人学生提供校车；联邦政府部门在推动合校问题上表现的很弱势，特别是尼克斯政府时期表现尤为明显；最高法院在地区种族融合上没有获得支持。另一方面，因为白人存在特权思想。正是这两方面的原因导致了布朗法案在表面上看来是一个可以改变美国教育政策的法律决议，但实质上却最容易受到各方攻击，因为它是一项以社会中所默认的白人特权为导向的法律决议。①

布朗法案使黑人们看到了在美国的任何一个教育机构所有的学生都可以获得平等受教育机会的希望。而推进多元文化教育的发展是实现这一目标的重要途径，这种教育模式是真正的为所有学生提供教育，特别是那些边缘群体的学生。多元文化教育的目标是帮助学生获得实现生活目标的知识、技能、力量和追求人生目标的积极态度，同时帮助学生为在将来改变社会做好准备，他们也可以更好地为民众的利益服务，特别是要为因为种族、社会阶层和性别原因处于弱势群体的人群服务。格兰特从如何帮助布朗法案兑现其对黑人学生许下的承诺方面对布朗法案进行剖析，同时将宏观政策制定与多元文化教育相结合，为我们了解布朗法案开辟了一个新方向。

（二）基于种族问题架构下对布朗法案的分析

格兰特在布朗法案颁布五十周年之际再次发表文章重申了布朗法案对推动美国黑人教育产生的重大影响，以及它为改变美国社会中种族主义和其他受到压迫族群的现状所发挥的作用。边缘群体感受到了布朗法案为他们带来了用自己的力量改变现实生活的希望，增加了为有色群体、女性、残障人群和同性恋人群争取平等权利的民权运动成功的机会。但是格兰特认为布朗法案为多元化的美国社会所带来的积极影响不应禁锢在黑人和白人的二元社会结构中，拉丁裔和亚裔美国人同样饱受教育隔离之痛，因此他认为在美国的学校中要实现真正废除隔离制度应该从以下四个方面出发：第一，应该在种族多样性的大背景

① Carl A. Grant. Reflections on the Promise of Brown and Multicultural Education. *Teacher College Record*, 96 (4), PP. 707 ~ 721.

下讨论布朗法案和废除种族隔离。种族多样性就是要跳出美国社会的黑人和白人这个固有二元结构，将其他少数族裔人群涵盖其中。第二，树立一种坚信布朗法案所要达到的结果必将实现的信念。第三，要通过设立一个常态化的社会组织来确保教育公平这一理念的实施。第四，应该建立一个沟通平台来帮助各个群体间就所持有的不同观点进行探讨与研究。①

第三节 对非裔学生教育问题的研究

一、20 世纪影响非裔美国人争取种族平等的社会事件

（一）严酷竞争运动（Rigid Competitive Movement）

从南北战争到第二次世界大战美国社会中黑人与白人间的关系非常紧张，始终处于一种激进化的种族关系中。特别是二十世纪二三十年代，黑人与白人的雇佣关系成为影响种族关系的主要问题，如黑人与白人的双重薪资标准，雇主不为黑人提供技术岗位培训、拒绝黑人加入工人联合会等。白人雇主中普遍存在着对黑人雇员的不信任，黑人与白人间的仇视引发了白人不愿意与贫困的黑人结成联盟争取更多的利益。黑人在工作中不仅受到来自白人雇主的不公平待遇，同时白人同事也会对黑人进行辱骂和人身攻击，从而导致这一时期白人和黑人产业工人间的斗争不断升级，甚至出现了大规模的流血事件，这一时期黑人产业工人为争取自身的权利所进行的一系列运动被称为激进化严酷竞争运

① Carl A. Grant. Brown: Progress, Challenges, and an Argument for an Inclusive Race and Ethnic Framework of Analysis. *Multicultural Perspectives*, 6 (4), 2004, PP. 18 ~21.

动。通过严酷竞争运动黑人产业工人为自己争取到了相应的利益，在30年代初期，许多产业的工人组织都将黑人吸纳进来。废除种族歧视委员会所持的立场及政治行动委员会的开明纲领，使许多黑人产生了新的希望，他们不再怀疑劳工组织，而且像其他工人一样热心地参加罢工计划，黑人中间产生了一种安全感和依附感。这是黑人在美国社会中进一步废除种族隔离制度所取得的最重要的成果之一。①

（二）跨文化运动（Intercultural Movement）

跨文化运动开始于20世纪30年代，源于大量的欧洲白人移民进入美国社会，有学者呼吁应该关注这些新到来的移民，对于那些在欧洲不受欢迎的少数族裔在美国社会要给予足够的宽容。但这个要求却已超出了“美国化”的局限，因此被学者称为跨文化运动。跨文化运动的一个主要目标是使来自欧洲的新移民了解美国的信条和价值观对于他们的意义，使他们了解学习少数族群历史的重要性，同时向他们灌输对美国的忠诚。跨文化运动的主要形式是通过学校和媒体向新移民灌输移民的历史和他们对美国社会的贡献，使他们了解到对新移民的同化不是要抹杀他们对自己文化和历史的记忆。跨文化运动促进了黑人和白人间的融合，但其所发挥的作用有限，其重要性是在这一时期增加了对民族间关系的关注度，促进了从社会学的角度对种族问题本质的了解。

（三）群际关系运动（Intergroup Movement）

群际关系运动萌芽于第二次世界大战后期并于冷战时期正式兴起。它的产生针对于支持欧洲移民而忽视黑人和白人间关系的跨文化运动，认为跨文化运动鼓吹了欧洲移民的特权。群际关系运动强调消除白人和黑人间的种族偏见，

---

① ［美］约翰·霍普·富兰克林：《美国黑人史》，张冰姿等译，477页，北京，商务印书馆，1988。

进而鼓吹在社会和教育政策的制定中采纳同化论和融合论的观点。群际关系运动中的主体是为欧洲人带来自由的退伍的非裔美国士兵，他们要求民主和人权的呼声引发了国际社会的重视。群际关系运动的倡导者认为法西斯主义的兴起和美苏间的冷战，使美国辜负了美国社会所有民众们的民主理想。

（四）民权运动（Civil Rights Movement）

1960—1965 年发生的民权运动是推动美国社会和教育发展的重要力量。迫于民权运动的压力美国国会通过了两项具有历史意义的法案，即《民权法》（*Civil Rights Act*）和《投票权法》（*Voting Rights Act*）。这两项法案得到了联邦政府的大力实施，从而禁止了一系列带有种族歧视的做法，其中包括禁止公共场所内的种族隔离。同时《民权法》则规定对无视布朗法案决定的地方校区终止联邦政府的资金支持。民权运动的影响波及所有美国人，很大程度上改变了人们的社会意识，公开形式的种族歧视和政府支持的在公共场所的种族隔离走到了尽头，60 年代的民权运动成为美国生活中废除种族隔离的重要推动因素。

二、非裔学生历史知识的局限

格兰特始终强调非裔学生学习历史知识的重要性，这是因为基于其研究的理论基础——自我决定和社会正义理论而得出的结论。格兰特认为非裔学生应该通过对非裔历史的学习来提高自我意识，增加对非裔这个族群的了解，从而提升自我认同感、学业和社会成就感。丰富的历史知识有助于引导学生参与社会行动，也会帮助学生建立一个广泛的群体视野，关注本群体与其他群体间的关系并发展自己的人际关系，使学生个体能够更好地融入主流社会。此外，更为重要的是对于历史知识的学习有助于非裔学生弥补白人种族主义对黑人心理造成的影响。

尽管很多学者都在呼吁学校教育应该重视对不同族群历史知识的学习，但是长期以来在欧洲文化占有主导地位的学校教育中很难将其他族裔的历史摆在一个同等重要的地位。美国社会中长期以来的种族主义倾向更是造成了非裔学生很难通过学校的历史课程学习到客观、公正的非裔美国人的历史知识，从而造成了非裔学生历史知识的局限。格兰特认为，学校教育对于非裔学生历史知识的局限具有不可推卸的责任，但是来自学生的主观原因也是造成非裔学生历史知识有限的一个原因。格兰特系统地阐述了造成非裔学生历史知识有限的原因：①

其一，学校中对于非裔美国人的讨论通常是围绕奴隶的悲惨境遇，并且告诉学生奴隶仅存在于美国南部。对于一些有关奴隶生活的叙述也是非常简单，尽管学生们知道蓄奴制对于黑人来说是非常残酷的，但是包括黑人学生在内的所有学生对蓄奴制的了解非常有限。

其二，学校教育对学生讲授的非裔美国人的历史非常有限，学校教育所讲授的非裔美国人的历史不符合非裔学生实现自我发展的需要。认为让学生反复背诵马丁·路德·金的《我有一个梦想》就是对非裔美国人历史的最好学习。

其三，教师因为缺少资料而无法为学生讲授全面的历史。

其四，通常当非裔美国人的出现影响了欧洲裔美国人的政策时，他们才被作为历史中重要的一部分。

其五，当非裔学生处于一种玩世不恭的状态时他们不愿去学习具有包容性的历史知识。特别是生活在城区的非裔男性学生认为这种态度是他们所生活的社会阶层的一种生存方式，他们不希望被看到参与到正统的学术学习之中。从学生的角度可以认为这种状态是对学校历史课程学习到的缺少包容性的美国历史的一种理性的反应。

格兰特从以上五个方面总结了非裔学生历史知识存在局限的原因，这五个方面的原因既有由客观上社会和学校中存在的种族主义倾向而造成的，也有来

---

① Carl A. Grant. Escaping Devil's Island: Confronting racism, learning history. *Race Ethnicity and Education*, Vol. 14, No. 1, 2011, PP. 33 ~ 49.

自主观方面非裔学生自身的原因。调动非裔学生学习历史知识的积极性不是一蹴而就的事情，也不能奢望学生对学习历史课程自觉地产生兴趣。格兰特自己也承认，他是在博士研究期间才开始对非裔美国人的历史感兴趣，并通过阅读大量的历史书籍来弥补非裔美国人历史的空白。格兰特通过自身的学习经历来告诉基础教育阶段的教师，要正确引导非裔学生对非裔美国人历史的学习，历史课上系统地教授学生学习不同族群的历史知识是非常必要的，同时从事其他课程教学的教师同样应该有意识地激发学生对历史的探索。格兰特指出，非裔学生对于历史知识的学习不应仅局限在对本民族历史的学习，对于其他非主流族群历史知识的学习也是非常必要的。只有充分了解美国社会中不同族群的发展历史，增加非裔学生对美国多元化社会发展历程的了解，才会帮助他们更好地澄清自我的价值，增进他们对其他族裔的了解，提高未来在多元文化社会发展的能力。因此格兰特指出，非裔学生对历史知识的学习不仅应该包括学习非裔美国人发展的历史，也应学习其他族裔在美国社会的发展史。

三、非裔学生课程与教学问题研究

长时间以来对于哪种模式的课程和教学方法更适合非裔学生的讨论从未停止过，而对于是采用以非裔为中心的课程与教学模式还是采用多元化的课程与教学模式始终是这场讨论中的焦点。赞成以非裔学生为中心进行课程设置的学者认为，以非裔为中心的课程设置能够满足非裔学生在学业和社会发展上的需要。① 支持以非裔学生为中心的教学模式可以培养非裔学生的自尊心和自我管理意识，同时也有助于非裔学生树立实现自我价值的信心；而反对者则高举多元文化教育的旗帜，认为多元化的课程与教学模式更适合非裔学生的发展。格兰特认为，无论是以非裔为中心的课程与教学模式还是多元化的课程与教学模

① 转引自 M. Asante. *Afrocentricity: Theory of social change*. Buffalo, NY: Amulefi。

式，对于非裔学生来说都不是最好的选择，因为单纯采用某一种模式都有其局限性，特别是过于强调以非裔学生为中心的课程设置与教学模式更是会影响到非裔学生未来的发展。

以非裔为中心的课程会减少非裔学生与其他少数族裔学生共同学习多元化课程的机会。这会导致非裔学生对其他族裔的学生和文化带有偏见，因为非裔学生只能通过传统课程和社会媒体来获得对其他文化的了解。① 以非裔为中心的教学模式的局限性主要体现在以非裔为中心的教学模式使非裔学生脱离学校教学的主流模式，推进了文化分离主义的发生。批评者指出，如果非裔学生在学习自己的文化方面花费大量的时间将导致他们无法充分地学习主流文化，而且非裔美国人的历史知识对非裔学生参加标准化测试并没有多大的帮助，只会导致学校教育改革的不彻底。

格兰特认为非裔学生所需要的课程模式不是以某一族群为中心，而是要满足生活在全球化社会中的需要，并帮助他们建立多元化的视角。多元化的课程与教学模式不但是要努力改变美国社会中存在的种族主义的现状，而且是要通过课程教学来帮助非裔学生和其他少数群体学生建立一种知识体系，为争取正义和公平的社会而努力。同时，格兰特强调学校教育所进行的课程改革的目的是要满足来自不同群体的学生生活在一个全球化时代背景下的生存需要。学校课程的设置要以一元论为其理论基础和研究视角，帮助他们学习如何采取多样性和多元化的视角来理解在未来他们将要遇到多样化人群的不同社会表现，以适应多元化社会发展的需要。

相比于以非裔为中心的课程与教学模式，格兰特更为推崇多元化的课程与教学模式。他认为，多元化的课程与教学模式能够将非裔学生从狭隘的种族中心主义的限制中解放出来，并会以更为多元化的视角去审视社会的发展。多元

---

① Carl A. Grant. An Essay on Searching for Curriculum and Pedagogy for African American Students：Highlighted Remarks Regarding the Role of Gender. *American Behavioral Scientist*, 2008, PP. 885 ~903.

化的课程与教学模式以多元文化教育为其理论支撑，因此多元文化教育对学生批判性思维和社会行动力的理念就需要在学校教育中有所体现。学校在设置多元化课程的时候应以为来自不同群体的学生提供平等的受教育机会为前提，以认可和尊重文化的多样性为根本出发点。多元化的教学模式则应注重在教学过程中为学生创造体验不同社会角色的机会，特别是一些非传统的社会角色，通过教师的引导让学生体会其不同于传统角色的方面。此外，也需要帮助教师和家长建立学校教育和学生家庭合作的新方式，鼓励学生尽可能多地参与不同类型的课外活动，以此挑战他们对问题固有的思维模式，培养学生批判性思维的能力。

第三章　格兰特对多元文化教育的历史及理论的研究

格兰特对多元文化教育问题的研究以多元文化主义理论的历史演进过程为切入点，由此延伸到与多元文化教育发展的相关理论，在此基础上提出了教育是多元化的概念（Education That Is Multicultural）进一步拓宽了多元文化教育的领域。相应的，其对社会多样性及多元文化教育研究与教育理论间的相互作用所做的全面阐述，更加丰富了其多元文化教育研究的内容。

第一节　多元文化教育的相关概念

多元文化教育概念的提出与多元文化主义的发展有着密不可分的联系，多元文化教育的产生是多元文化主义在教育领域的具体表现，也可以说多元文化教育是多元文化主义的一种表现形式，多元文化主义也是通过多元文化教育这一现实载体来体现其精神实质的。教育是推动社会发展最直接和最重要的动因，因此多元文化教育作为多元文化主义的表现形式之一，更容易让不同的群体接受其所倡导的基本理念。

一、饱受争议的多元文化主义

20 世纪 60 年代出现的“多元文化主义”是对最早出现的“多元文化”一词含义的延续，它强调“尊重所有国家和人民的生活方式”①。到了 20 世纪 80 年代末期，美国社会对多元文化主义的讨论越来越多，相关的文章和著作也是层出不穷。进入 90 年代，多元文化主义才真正成为影响美国社会发展的理论思潮和社会运动。尽管围绕多元文化主义争论不断，但是各方争论的核心则是如何界定多元文化主义。正是这种各方割据的局面，致使对多元文化主义的概念始终无法达成共识。格兰特认为，多元文化主义所代表的含义取决于你在和谁讨论，而对它定义的方式并不会导致其按这个方式去实施，因为具体操作或者实践的过程达不到定义的标准。多元文化主义的本质是关注权利、特权、社会公正、民主和为所有人实现一个生机蓬勃的生活。②

多元文化主义在美国社会出现之初是呼吁在中小学教育中增加对少数族裔文化的理解与接纳，后来在实践中汇集了很多其他不同的诉求。多元文化主义对美国社会的主流文化提出了挑战，其核心理念直指美国社会长期存在的种族主义倾向，因此必然会在社会上引起极大争议。多元文化主义的支持者认为它是一个哲学观点，相信存在和平共处，存在文化和宗教的多样性。还有人认为，多元文化主义努力将多样性具体化，这一情况的出现是对 20 世纪存在的群体关系冲突的回应，同时也是为了解决一体化带来的挑战。③ 而反对者则强烈质疑多元文化主义的理念和目标，认为它是反白人的、反对欧洲和西方的历史与文化。美国知名的史学家施莱辛格于在 1992 年出版的《美国的分裂：对

① 朱姝：《班克斯教育思想研究》，72 页，北京，中央民族大学博士学位论文，2013。

② ［美］卡尔·格兰特：《多元文化主义的昨天和今天》，王筱蕾译，载《中国政法大学教育文选》，2014（2）。

③ ［美］卡尔·格兰特：《多元文化主义的昨天和今天》，王筱蕾译，载《中国政法大学教育文选》，2014（2）。

多元文化社会的思考》一书对多元文化主义的极端形式“非洲中心论”进行了激烈的抨击，认为维持“共同文化”对美国实行“合众为一”的立国理想非常重要。① 他的观点受到了广大反对者的支持，也在美国社会引起了极大反响。

格兰特认为对多元文化主义的争论不会停止，但多元文化主义在促进和争取社会公平方面所做出的贡献是任何一方都无法忽视的。多元文化主义本着促进人与人之间的信任和尊重，支持公民权利、政治权利和文化认同，促进批判意识、人的能动性和所有人个性的充分发展，以及为所有人提供一种更好的生活方式为宗旨。因此，多元文化主义所倡导的基本观点在解决不同民族或种族间利害冲突、为少数族群争取权益方面提供了具有借鉴意义的问题处理思路。

二、多元文化教育的概念

多元文化教育在美国的兴起，最初的原因是因为美国的少数族群特别是黑人群体认为学校的教育中存在种族不平等的问题，学生们在学校接受的教育忽视了对少数群体历史文化知识的学习。因此不少从事多元文化教育的研究者认为多元文化教育的理论主要是针对种族和民族概念而言，特别是有些黑人学者对多元文化教育理论及其实践的研究是紧紧围绕种族的概念而进行的，但随着研究者研究视野的扩大，逐渐将社会阶层、性别、残障人群、同性恋人群纳入多元文化教育研究的范畴。

格兰特对多元文化教育的研究在开始之时就突破了种族的局限，他在 1978 年发表在《教师教育期刊》中的《多元文化教育——那不是我们的意思吗?》一文指出，多元文化教育关注的是在多元化的社会中转变教育的外在表现形式而不改变教育理念。② 在这样的表述后格兰特还在最后添加了注释：“我对多元

① 谈丽：《小阿瑟·施莱辛格史学思想研究》，上海，复旦大学博士学位论文，2006。

② Carl A. Grant. Education that is multicultural——Isn't that what we mean? . *Journal of Teacher Education*, 29, P. 45.

文化教育的关注是因为在教育圈内多元文化教育被大量的使用。这个理由在多种族教育研究和民族研究中同样适用。”① 可见格兰特在最初对他们的同行们使用“多元文化教育”一词并不是非常的认可，他更倾向于使用“Education That Is Multicultural”来强调多元文化教育。格兰特在 70 年代发表的有关多元文化教育的文章中都是采用“教育是多元化的”的提法，因为他认为“多元文化教育”一词缩小了作为对教育理念一个极为重要的补充多元化教育研究的范围，而“Education That Is Multicultural”则使对教育理念和过程的阐述显得不但有深度而且更为全面，同时也显示出教育过程的持久动力。② 格兰特认为“教育是多元化的”应该在四个方面有所体现：一是学校教职人员的组成和结构上应该体现美国社会多元化的本质；二是学校课程应该是灵活且没有偏见的，同时在课程中要有能够体现所有群体对美国社会发展所做出的贡献的内容；三是认同其他文化群体的语言、价值理念和生活方式，将这些视为相互的不同而不是一种缺陷；四是学生使用的教材不应该带有歧视内容，而且教材内容中涉及少数群体的文化应体现包容性。③ 格兰特进一步阐述“Education That Is Multicultural”所应具备的基本要素：

表 3－1　多元文化教育的基本要素

显性要素	隐性要素	潜在因素
无论性别、种族、文化、民族和宗教信仰、年龄、肢体残障或是体态而尊重所有的人	在一个不断变化的社会中承认个体和人类的多样性	不同文化群体人员；在学校环境配置、教学和学习环境上也要强调多样性

① Carl A. Grant. Education That Is Multicultural——Isn't That What We Mean? . *Journal of Teacher Education*, 1978 (29), P. 45.

② Carl A. Grant. Education That Is Multicultural and Teacher Preparation: An Examination from the Perspectives of Preservice. *Students The Journal of Educational Research*, Vol. 75, No. 2, 1981, PP. 95～101.

③ Carl A. Grant. Education That Is Multicultural——Isn't That What We Mean? . *Journal of Teacher Education*, 1978 (29), P. 45.

	与不同背景的人接触的机会 不受任何利益集团的压迫 切实可行的做法（适当培训的教师队伍、没有偏见的教材） 社会和政治组织的领导者与成员构成应该体现出多样性 媒体信息应该反映美国社会中种族、文化和个体的多样性	积极参与社区活动

尽管在多元文化教育兴起的早期格兰特对使用“Education That Is Multicultural”一词来表述美国学校教育改革的新模式存在一定的异议，但是其对多元文化教育的本质和核心理念的表述完全超越了当时倡导多元文化教育的研究者们对多元文化教育的指涉范围，格兰特对多元文化教育的理解更能体现其本质。到了 80 年代，格兰特和其他的多元文化教育的研究者将不同社会阶层、性别、残障人群和同性恋人群纳入多元文化教育的研究领域后，格兰特才开始在他的研究中用“Multicultural Education”代替“Education That Is Multicultural”一词。

格兰特认为多元文化教育涉及学校教育的所有维度，它既是一个哲学概念也是一个教育过程。之所以说多元文化教育是一个哲学意义的概念，是因为它是以自由、公平、平等和人类尊严为其哲学基础，同时承认人类多样性存在的价值；多元文化教育作为一种教育过程是因为它承载着满足社会不断发展的需要。①

对于多元文化教育的研究因为学者的学科背景不同，其研究角度也各有不同，可以说多元文化教育对于不同的人有着不同的含义。但是研究者围绕多元文化教育进行的研究无外乎有两个方面，即多元文化教育实施的目的和具体措施。多元文化教育研究的目的是无论种族、性别、社会阶层而为所有的人提供

① Carl A. Grant. Challenging the Myths About Multicultural Education. *Multicultural Education*, 2（2）, PP. 4 ~ 9.

平等的教育。澄清多元文化教育研究的目的有助于研究者明确研究方向，开展有针对性的研究工作。如何在学校教育中开展多元文化教育体现的是其在实践中的应用，特别是在课程改革和教师培训中如何适应多元化的美国社会发展的需要，为其提出了切实可行的操作办法。

三、多元文化主义与多元文化教育

多元文化教育的产生是多元文化主义在教育领域的具体表现，也可以说多元文化教育是多元文化主义的一种表现形式。尽管作为一种理念和哲学思潮的多元文化主义因为研究者的角度不同对它的评价褒贬不一，但是多元文化主义所倡导的对来自不同文化背景的人给予应有的尊重是任何学者都无法辩驳的。作为其在教育研究范畴内的主要表现形式的多元文化教育正是秉承这种理念，在学校教育中不论学生的种族、社会阶层、性别和身体残障等而为所有的学生提供平等教育，让学生们充分体会到了美国社会所倡导的民主精神为其带来的学习、生活和社会地位上的改变。多元文化主义也正是通过多元文化教育这一具体表现形式来践行其理念，任何一种理念都需要现实载体来体现其精神实质，教育是推动社会发展最直接和最重要的动因，因此多元文化教育作为多元文化主义的表现形式之一更容易让不同的群体接受其所倡导的基本理念。

第二节　美国多元文化教育的历史

对多元文化教育历史的梳理有利于学者更好地把握其发展脉络，因此格兰特从美国多元文化教育发展的历史进程着手，全面而翔实地阐述了美国多元文化的历史进程、理论演进过程及不断自我突破的发展历程。

一、美国多元文化教育发展的历史进程

美国少数族裔群体权利意识的觉醒为多元文化教育的发展提供了可能，而20世纪60年代末70年代初爆发的多元文化主义思潮和人际关系运动进一步推动了多元文化教育的发展，随后有关少数族裔群体特别是黑人学生的受教育问题引发的社会关注更直接地推动了美国多元文化教育的发展。

（一）推动多元文化教育发展的社会背景

美国多元文化教育的发展是伴随着少数族裔群体权利意识的产生而崛起的，特别是黑人群体要求文化上的认可和尊重，争取平等的公民权利。19世纪美国社会的欧洲白人害怕丧失自身的特权，而采取各种方式将非主流的少数族群同化到自己的价值系统之中，即倡导所谓的“熔炉论”也称为同化政策。在这种政策下处于弱势和不平等地位的少数群体成员，一方面被迫与自己的母体文化疏离，另一方面又无法融入主流社会，成为美国社会的边缘群体。基于这样的社会背景，在20世纪60年代民权运动席卷美国社会，多元文化主义逐渐受到广泛的重视，反映在教育领域即要求学校为来自不同文化背景的学生提供平等的教育过程。

格兰特认为以种族认同为主要特征的多元文化主义对多元文化教育的发展起到巨大的促进作用。他比较认同 Newfield 和 Gordon 对20世纪70年代美国多元文化主义特征的阐述：一是倡导文化民主的多元文化主义是建立在文化多样性的基础之上。尽管各种文化相互依存，但其坚持着彼此的独立性。二是民主多元化意味着来自不同群体的个体在整个社会群体中应该是和睦相处的，而不应视为是对彼此的威胁。三是70年代的多元文化主义在反对种族文化优越论和坚持某些形式的文化平等方面过于激进。正是在这样的社会背景下，学校被视为少数族裔争取平等权利的重要阵地，教育改革势在必行，多元文化教育由

此应运而生。

（二）推动多元文化教育发展的历史因素

多元文化教育兴起于美国社会发生巨大变革的 20 世纪 60 年代末 70 年代初，多元文化主义思潮和人际关系运动为多元文化教育的发展发挥了巨大的推动作用。多元文化主义思潮是以杜威为代表的美国进步主义教育学者们所推崇的哲学思潮。杜威等人认为，熔炉主义没有对美国社会的多元文化主义予以真正的接受和认可，无法体现美国的民主精神。对于多元文化主义杜威认为是可以经受住所有人用批判的眼光去审视。尽管多元文化主义思潮的兴起是由于迫使边缘群体人群尽快融入主流社会文化而带来的政治和社会压力，但是带有倡导民主特征的多元文化主义无疑是成为促进多元文化教育发展的一个历史诱因。

格兰特指出，人际关系运动对多元文化教育发展产生的作用体现在从事教师教育工作的学者和教师身上，他们认为在学校教育中有色群体和边缘群体的学生的教育存在歧视，而呼吁学校教育应该教会学生通过增强对不同文化的包容而建立良好的人际关系，因为良好的人际关系会促进人与人之间的彼此尊重。人际关系作为一种教育理念已经成为多元文化教育的一种模式，但是人际关系运动在消除种族压迫和推进社会公平方面所发挥的作用非常有限。

（三）多元文化教育发展的现实需求

格兰特认为 20 世纪 20 年代初期，美国教育界对于有色群体学生，特别是黑人学生学业成就低而引发的教育理论的讨论是促成多元文化教育发展的现实需求。Jacob 和 Jordan 总结出影响少数群体成就的理论包括遗传论、文化匮乏论、社会重构论、文化差异论和文化中断理论。遗传论广受争议，它认为人们在社会阶层和种族差异方面表现出的 IQ 成绩是遗传差异的结果。相对于遗传论，文化匮乏论强调作为随机因素环境对人的影响的重要性。这一理论关注的是将文化作为财产，假定按照穷人所拥有的经济财产来确定他所拥有的文化财产。因此穷人特别是黑人穷人按照这个理论他们在文化上自然也是穷人，所以相比于中产阶级的白人学生，来自贫困阶层的黑人学生很难在学校中获得学业上的成功。不同于以上两种理论，社会重构理论将关注点由少数群体承担的责任转移至了学校和社会所应承担的责任。文化差异论认为少数群体与主流群体在文化上的差异体现在沟通、语言和认知方式上，因此就会导致学生与学校间的冲突从而影响教育结果。有色群体学生学业成就的差异是由于其家庭文化被认为不同于学校的文化，而不是由于文化匮乏造成的。这种理论鼓励学校在课程和教学方法上进行改进，以便为学校和家庭间建立良好的沟通桥梁，从而帮助学生提高学业成绩。格兰特借用了美国教育人类学家奥格布的观点来阐述文化中断理论与文化差异理论的区别，具体体现在两个方面。其一，文化中断理论关注的是学校在面对不同群体学生表现出来的不同；其二，文化中断理论超越了学校和家庭的背景，而在大的社会背景下关注少数群体学生如何适应社会的发展。

（四）多元文化教育发展的直接需求

格兰特认为促进美国多元文化教育发展的直接原因是黑人学生的家长和非主流人群对学校教育中存在歧视问题的不满。这些非主流人群主要有有色人种、妇女及他们的同盟者，他们认为学校教育在政策和具体实践活动中存在种族和性别歧视，白人和男性仍然是学校的主流，同时享有特权。他们的斗争最直接的结果是，一方面促使在大学中建立了专门从事少数民族研究、妇女问题研究和同性恋问题研究的项目和部门，而这些专门的研究项目和研究部门关注的是将传统有关边缘群体的知识融入现有的知识体系之中；另一方面为边缘群体在大学中开展学术研究提供了一个学术平台，学者们在这样的学术平台上相互交流，共同促进对边缘群体问题的研究。

二、美国多元文化教育的理论演进

多元文化教育的发展一方面是由于在特定的社会历史背景下对一种新的理论的需求，另一方面则是早期从事多元文化教育研究的学者们通过出版自己的研究成果而向人们宣传多元文化教育的理念，以及一些社团组织对多元文化教育研究的支持。多元文化教育理论的演进得益于推动美国社会发展的一系列具有深远意义的事件和运动。美国多元文化教育的起源可以追溯到南北战争后，获得自由的非裔美国人开始学习他们的历史，特别是对他们在历史中所扮演的角色和发挥的作用进行充分的了解。此外，美国本土的土著居民、亚裔美国人及墨西哥裔美国人通过教育开始学习如何向主流的欧洲裔白人争取平等的权利，这些都可以看作美国多元文化教育发展的雏形。伴随着边缘群体为争取公平待遇而进行的抗争，从 19 世纪末期到 20 世纪早期一系列介绍美国少数族裔的历史和发展现状的著作为多元文化教育理论的形成奠定了基础。

多元文化教育理论的形成还得益于 20 世纪初美国社会边缘群体为争取平等的待遇和权利所进行的一系列抗争，其中以群际文化运动、群际运动、民权运动和少数族裔研究运动最具有代表性。得益于群际文化运动和群际运动，多元文化教育理论在对人类多样性的认识上进一步得到丰富；通过对群际文化运动和群际运动的研究，多元文化教育研究者们认识到在对多样性的认可过程中，所遇到的挑战既有来自少数族裔自身也有来自其他群体的；争取少数族裔公平和平等的权利需要付出巨大的努力。民权运动和少数族裔研究推动了多元文化教育理论的发展和学术研究的开展。

三、美国多元文化教育的发展

自20世纪60年代开始多元文化教育的理念深入人心的同时也受到了来自各方的关注。20世纪60年代至70年代的民权运动主要成就就是为少数群体争取到了平等的受教育的机会和公民权利。这些成就具体包括：肯定行动和随后的补充草案；旨在保护有色人群、妇女、同性恋和残障群体权利的一系列法案的出台；促进了在大学里开展专门的族群研究、妇女研究、同性恋研究。同时对于早期关注多元文化教育研究的研究者们来说最重要的就是促进了多元文化教育的发展。在这样一个充满机遇和挑战的时期，美国多元文化教育的研究者获得了前所未有的动力，多元文化教育研究硕果累累。格兰特、班克斯等美国多元文化教育的领军人物在这一时期都针对美国多元文化教育的具体实施提出了自己观点。格兰特和C. 史利特提出了多元文化教育实践的五种模式，即特殊性与文化差异模式、人际关系模式、单一群体研究模式、多元文化教育模式和社会重建模式。与此相似，班克斯针对课程改革提出了四种多元文化教育课程模式，即贡献取向、附加取向、革新性取向和社会行动取向。他们的研究成果成为20世纪70年代美国多元文化教育的标志性研究成果。

20世纪80年代美国第二代多元文化教育的研究者渐渐成熟起来，并不断地在学术界发出自己的声音。此外，尽管从事多元文化教育研究的教授们在申请终身教职时仍然困难重重，但是这种反对声音却在慢慢减弱，同时学校中有关多元文化的课程和教学材料都有所增加，预备教师的培训中也增加了多元文化教育的内容。尽管在这一时期多元文化教育的发展受到了各方的重视和关注，但是多元文化教育的积极倡导者们则认为多元文化教育始终是一种理念，是一个教学过程和一场教育改革而不是一种社会思潮。① 格兰特也

---

① J. A. Banks & C. A. M. Banks. *Multicultural Education: Issues and Perspectives.* Hoboken: John Wiley & Sons, Inc., 2007, P. 25.

认为，美国社会对多元文化教育的理解和做法仅仅是停留在表面。同时由于多元文化教育学者对多元文化教育的课程模式难以达成共识，而引发了对多元文化教育的评判与指责，有人认为多元文化教育是对白人、中产阶级和男性特权的威胁。

20 世纪 90 年代随着多元文化主义成为美国学术界一股强大的思潮，多元文化教育的发展在这一时期达到了顶峰。但与此同时来自各方的批评和指责不断出现，多元文化教育的支持者和反对者间展开了激烈的辩论。格兰特、班克斯等作为美国多元文化教育的倡导者始终坚持强调多元文化教育的复杂性和其所涉维度之广，批评那些将多元文化教育简单化的做法。在与反对者进行辩驳的过程当中，多元文化教育的研究者也在反思多元文化教育的模式，如何用多元文化教育理论去适应新的社会发展。可以说 20 世纪 90 年代是美国多元文化教育反思并深化发展的阶段。① 美国多元文化教育在经历了对自我发展的深刻反思后，进入 21 世纪，在全球化的时代背景之下美国多元文化教育的研究者们将目光由国家民族问题转向全球化的社会问题。美国的多元文化教育研究者对多元文化教育的研究突破了国界的限制，在世界范围内推进多元文化教育的发展。受到美国多元文化教育的影响从欧洲到亚洲，从南半球到北半球的国家兴起了多元文化教育研究的热潮。

第三节　格兰特对美国社会多样性及相关问题的研究

美国社会多样性的存在早已成为不争的事实，但传统观念对多样性的恶意

① J. Lei & Carl A. Grant. Multicultural education in the United State: A case of paradoxical equality. In Carl A. Grant, Joy L. Lei (Ed.). *Global Constructions of Multicultural Education: Theories and Realities*. New Jersey: Lawrence Earlbaum Associates, 2001, PP. 205 ~ 237.

中伤使学术界对多样性的研究很难取得突破性的进展。随着社会观念的转变很多学者开始重新审视美国社会的多样性问题。格兰特虽从未站在诟病多样性的立场之上，并借着对多样性的肯定和认同的东风参与编著了很多与美国社会多样性有关的书籍，同时也发表了很多文章为多样性正名。如格兰特早在 1977 年参与编著的《对多样性的认同：多元文化教育索引》一书中收录了早期学者们对多样性问题的看法，同时也收录了格兰特的《对多样性认同的启示》一文。文中从教师教育的角度谈到了学校教育中教师对学生群体多样性所持立场对教学和学生的影响。同时文中也谈到了对多样性的认可及其存在的含义，即在进程和内涵上都会促进对文化多元主义的认同。此后，格兰特在他主编的《多元化的教育：多元文化的呐喊》一书中为学者们提供了一个探讨多样性问题的平台。格兰特用自己的文章《认同学校中的多样性：社会和个体的影响》作为本书的开篇，文中通过对社会多样性和人类多样性问题的探讨来澄清不同类型的多样性对教育实践和教育政策的意义。格兰特对多样性问题的探讨逐渐超出了种族民族的界限进而开始探讨更深层次的问题，多样性与社会权利之间的关系对学生学业成绩差异的影响，特别是由此而引发对学校教育课程、师生关系、学生参与性问题的讨论在格兰特所著的《教学！变革！赋权》一书中都进行了详细阐述。

我们从宏观层面探讨了格兰特对多样性问题的研究，下面我们将从微观层面进一步总结格兰特对多样性问题的研究。

一、多样性的概念与内涵

格兰特认为在学校教育中多样性问题在面对种族、民族、性别身份、身体残障、社会阶层、语言问题、性取向和宗教及相互交叉的问题时教育工作者的处理态度和方法。换句话说，一个人拥有多重角色和身份，在不同的场合中作为个体标记的性别、社会地位和民族、种族间的相互作用和相互影响。① 格兰特认为多样性的内涵是对文化和民族差异的接受和认同及对社会多样性和人类多样性的认可。尽管美国社会对多样性的理解经历了最初的诟病和后期的接受与认同，但是格兰特对于多样性问题始终持有积极的肯定态度。他承认多样性对于他有着非同一般的意义，因为他相信对多样性的承认就是意味着每个人不必变得和其他人一样，人与人之间是可以有差异的，无论是在行为方式还是在外表上任何形式的差异都应该被接受，多样性始终代表了积极而有价值的差异。②

格兰特还指出，在美国的政治和社会背景下，多样性不论是从词语本身的文本意义还是它所代表的一种理念都更容易被大众所接受。对于有些人来说，“多样性”一词相对于“反种族教育”或者“多元文化教育”更让人觉得没有攻击性、更为友善，同时在遇到社会重大变革时使用“多样性”一词并不会直接体现个人的政治和社会观点。对于另外一些将“多样性”一词用于教育领域中的人则认为曾经学校教育所倡导的熔炉理论应该停止，因为熔炉论体现的是人性的倒退。对多样性意义的讨论更为重要的是准确了解其在特定社会背景中所指涉的维度和范围。

二、多样性与多元文化主义

格兰特认为从理论上看多样性是多元文化主义理论的具体化。他引用 Gordon 的观点进一步阐述多样性与多元文化主义的关系。Gordon 认为，多元文化主义在成为一种被认可的理论之前多元文化主义就存在于美国社会之中。当新

---

① Carl A. Grant. *Teach! Change! Empower!: Solutions for Closing the Achievement Gaps.* California: Corwin, 2009, P. 19.

② Carl A. Grant. Praising diversity in school: Social and individual implications. In Carl A. Grant (Eds.). *Education for Diversity: an Anthology of Multicultural Voices.* Boston: Allyn and Bacon, 1995, PP. 3 ~ 16.

移民来到美洲大陆后建立起了自己的民族类型，从而形成了自己的民族和文化群体。多元文化主义作为一种理念在多样性的发展之中获得了力量，美国社会的发展就是得益于不同群体为社会发展所做出的贡献。多元文化主义体现的是对不同群体为社会发展做出努力的认可，更重要的是对不同的理念、习俗和价值观的尊重。

格兰特指出美国社会的多样性以尊重和体现个体本真为主要特征，在某些方面是作为正常社会现象而被接受，然而多样性和多元文化主义作为一种理念和实践却并没有得到广泛的认可。“主流化”和因为肤色、语言、民族、性取向及社会阶层所形成了美国社会普遍的态度和行为方式，因此推崇和尊重多样性必须成为激励有色人群争取自身平等权利的精神支柱。美国信条以尊重个体、权利平等及所有美国人都享有的无法被剥夺的自由、公正和公平的机会为其根本，这也正是少数族裔和其他边缘群体所信奉的。这些真实存在的社会理念是美国社会民主化的基石。

三、学校教育中的多样性问题

处于变革中的美国社会面对着各种新的挑战，因此对多样性的认同和肯定将会再次成为人们关注的焦点。在这样一场社会变革中，学校自然要在帮助学生们应对这一变革中承担起重要角色。学校和教师们所要做的就是要让所有的学生认识到多样性的存在并给予其正面的肯定。另外格兰特认为，学校教育对多样性的认同，对于学生来说就是拥有一定范围的学业和社会的选择权；鼓励学生去检验和评估学校的教育；同时也要鼓励学生去了解不同观点；引导学生去了解由多样性为美国社会发展带来的促进力。[1] 同时学校教育应该在学生的

① Carl A. Grant, and Melnick L. , In Praise of Diversity: Some Implications, In Gold, J. & Carl A. Grant & Rivlin, N. (Eds.) . *In Praise of Diversity: A Resource Book for Multicultural Education.* Washington: Teacher Corps, 1977, PP. 214 ~221.

个体特征、外在形体特征和语言、性别等问题上存在的多样性予以关注。

（一）学校教育要重视学生个体特征与多样性的问题

格兰特认为在理论上美国的学校教育是承认每一个学生都是具有不同特征的个体，但在实际的学校教育中却忽视了学生的个体特征和多样性的问题。最明显的表现就是教师们经常强调将不以肤色作为对待学生的标准，或是用对待每一个学生都是一样的话来表现对待来自不同群体学生的态度，但在现实中面对有色群体学生时他们的态度却往往不是这样。每个学生都有其个体特征，教师所宣称的“对待每一个学生都是一样的”就是对学生个体特征的忽视，就会导致学生对自我个体特征认识的不足，同时也会导致学生自我认识的不清。因此，每个学生展示出来的个体特征和多样性都应该得到学校和教师的接受和认可。此外，格兰特指出，教师在面对来自不同群体的学生时通常会为学生贴上固有的标签，这些标签有的时候会对学生的发展带来有益的一面，但大多数时候却为学生的教育带来了很多负面的影响。格兰特以 20 世纪 60 年代和 70 年代学校教育中存在的文化缺陷论和文化剥夺论为例，阐述教师为学生贴上带有偏见的标签对学生学业的影响。

（二）学校教育中要重视学生的外在特征与多样性的问题

格兰特认为学校教育对学生多样性问题的关注应该在学生的外在形体特征方面予以体现。学生的外在形体特征主要是指学生的身高和容貌，教师对待不同形体特征学生的方式会影响到学生对自我的感受。社会上普遍对容貌的判断标准向人们暗示了什么样的容貌是有吸引力并更容易被接受的，同样对于体态的判断标准则体现在竞技体育比赛中获得胜利的运动员身上。这些判断标准在学校教育中的体现是通过学校所开设的课程表现出来的，如学校的拉拉队和高尔夫队队员们的选择上就显示了学生容貌和体态的差别给学生们带来的不同经历。正是学校教育中潜在的对容貌和体态的衡量标准，会使很多学生受到打击，这种标准的存在使学生们感受到因为个体多样性而表现出来的不同。学校应该努力确保因多样性的存在而造成的不同外在特征的认同与接受，通过开展各种类型的活动鼓励尽可能多的学生参与其中，这些活动的重要目的就是为学生们创造一个锻炼身体获得快乐，同时可以在朋友、父母和老师面前展示自己能力的机会，以此来激发他们对自我的认识与肯定。

（三）学校教育中要重视学生的语言、性别与多样性问题

格兰特特别关注学校教育中体现人类多样性的语言和性别对学生学业成就及未来职业发展的影响。学校生活会影响学生如何评价和理解自己的性别，从而会在未来职业选择和权利关系的理解方面对学生产生影响。学校要帮助学生树立个体的发展不以性别作为判断的标准，而是以个体的能力和职业发展目标作为衡量标准。格兰特指出美国的高中，很多数学和科学课的教师是男性，而语言和写作课的授课教师是女性，这样的教师结构是需要改变的，应该更多地体现教师结构的多样性。教师群体的结构模式会给学生产生一种对未来职业发展的暗示，即将来从事的职业会以性别作为区分。教师应该帮助学生认识到性别歧视在未来职业发展中的存在，同时学生应该参与努力消除性别歧视的运动。有色群体的女性具有双重的人性特征，即种族和性别两大问题。有色群体的女性学生应该通过学校的教学活动清楚地认识到自己的这两方面特征，学校要为有色群体的女性学生提供更多的机会参与学校的活动，并为她们创造成为团队领导者的机会。因为她们中的大多数眼中看到的是由白人男性或是白人女性所主导的世界。面对有色群体的女性学生教师应该坚持不以性别和肤色作为指导教学活动的原则，这样才能帮助她们全面地认识到自己的性别和种族差异，从而正视并认同这种人类多样性的存在。

格兰特指出，语言是确定学生个体多样性的另一重要因素。语言有助于确定生活中学生的文化和身份特征，也会影响到学生的学业成就和自我认识的形

成。很多教师对母语非英语的学生在学习英语的问题上存在着错误的认识，他们认为以前的移民来到美国后必须要学习英语，那么新移民也应该学习英语，这是母语非英语学生想要在学业上获得成功的唯一途径。对于母语是非英语的学生来说，因为缺少双语教师使他们无法继续学习自己的母语，也无法获得有关的文化知识。同时也会影响非英语学生学术潜力的发挥，学校教育从语言教育上限制了文化多样性的存在。

第四节　多元文化教育研究对教育理论与实践的贡献

造成早期多元文化教育的发展过程曲折这一现象的原因：一方面是来自社会中的质疑和批判；另一方面也是多元文化教育研究领域学者间观点的不同，特别是早期研究者对多元文化教育所涉研究对象范围的争议。但是对于多元文化教育应该在哪些方面对教育理论和实践产生影响却是一致的，学校课程核心应该体现：第一，学生们应该学习到组成美国社会的不同群体的历史和他们对美国社会所做的贡献；第二，教授学生尊重不同群体的文化和语言；第三，学生们应该掌握个体的多重群体特征方面的知识，并要理解和尊重这些特征，同时也要了解这些特征是如何将个体边缘化或是主流化；第四，学生们应该了解如何实现社会结构化的平等，并且应该行动起来。①这仅仅是多元文化教育对教育理论贡献的一部分，多元文化教育对教育理论实质上的贡献还体现在知识结构和教师角色定位上。

---

① Carl A. Grant. Contributions of multicultural education to education theory and practice. In S. Tozier, B. Gallegos, A. Henry, M. Greiner, & P. Price (Eds.). *Handbook of research in the social foundations of education*. New York: Routledge, 2011, PP. 549 ~ 564.

一、对教育理论的贡献

多元文化教育研究对教育理论的贡献之一是指出了教育理论中有关知识建构学说存在的问题。建构主义学习理论的核心内容是知识的获得不是简单的接受或者复制的过程，而是一个需要积极建构的过程。格兰特指出，多元文化教育研究者通过对知识建构的研究丰富了教育的理论和实践，极大地挑战了教育理论对知识的客观性和中立性，以及知识的失真与缺失的论断。格兰特认为对教育理论的知识建构学说有代表性贡献的多元文化教育研究成果是由班克斯及其夫人共同编写的《多元文化研究手册》（1994 年出版第一版，2005 年再版），1997 年由格兰特本人和格洛里亚·拉德森－比林斯（Gloria Ladson－Billings）编写的《多元文化教育词典》。《多元文化研究手册》一书直指知识在构建过程中存在失真与缺失，对教育理论研究和整个教育界都产生了巨大的影响。《多元文化教育词典》一书体现在对多元文化教育中使用的术语的意义和观点的阐述。格兰特认为多元文化教育理论对教育理论中知识建构的贡献，具体体现在对知识的客观性与中立性的质疑、对以前一些知识的更正和补充，以及文化群体复合性的理解和文化包容性知识的研究。

格兰特指出，多元文化教育对知识的建构所持有的观点是，知识的构建不具有客观性和中立性，而是构建于一定的权威之下。格兰特借用班克斯的观点“知识反映的是社会中人们对社会、文化和权利的态度，只有在特定的背景下知识掌握者对知识的认可，知识才称为知识，而知识的掌握者通常是在性别、阶层和其他方面予以限定好的一群人”①。多元文化教育理论对知识建构学说的另一贡献是对以前一些知识的更正和补充。格兰特还指出，在美国的学校教育

① J. A. Banks. The canon debate, knowledge construction, and multicultural education. *Education Research*, 22 (8), PP. 4 ~ 14.

是通过开设社会研究、历史和地理课向学生们讲授有关少数群体文化和族群的历史知识，其中有很多遗漏、缺失和不准确的地方，而多元文化教育所要实现的就是努力消除这些问题。

多元文化教育在对文化群体复合性理解上的贡献上尤为突出。群体的特征具有复合性，而这却没有得到教育界的足够认识。由于对因种族、低收入、性别、残障等被边缘化群体的误解和存在的忽视，而导致教育理论对这方面知识的欠缺和理解上的局限。格兰特指出，从事多元文化教育研究的学者们对于群体和个体的复合性、共性和差异性的讨论，涉及种族、阶层、性别和其他特征间的相互关系影响了人们如何看待自己和他人的问题。此外，多元文化教育研究者和女性主义学者认为，在个体的多重特征如何建构和影响个体发展方面也影响了教育理论和教育实践。

多元文化教育丰富了教育理论中对课堂包容性的理解。格兰特认为，从多元文化教育的视角看课堂作为教学活动实施的一个重要场所，各种规则和实践相交织影响着学生。多元文化教育的研究者花费了大量的时间记录下他们在课堂上所观察到的各种问题，正是这些细致的研究改变了人们对课堂教学的理解，并重新确定了针对学校教育和课堂教学中应该研究的问题。

二、对教育实践的贡献

教师在教育实践中扮演着极为重要的角色，教育实践离不开教师的参与，同时教师角色的发挥影响着整个教育实践过程。绝大多数多元文化教育研究者都将学校中教师对学生的影响作为关注点，特别是重点开展师生关系、教师的社会化和教师对种族问题的态度等方面的研究。多元文化教育研究者在这些方面的研究硕果累累，教育研究领域的学者从中汲取了丰富的理论和实践经验。

格兰特指出，多元文化教育的研究者通过对师生关系的研究来改进学校教育中存在的问题。学者特别关注教师对于多样性和多元文化教育的态度，以及师生间的相互影响和教师的角色模式。他们在这方面的研究成果有很多都是值得教育领域的学者认真思考的，如他们指出对“文化相关性”的理解影响着非裔学生和他们教师；成功的非裔学生的教师不是权威型的教师，而是提倡学生教师间是相互平等关系的教师；对少数群体固有的印象会通过课程教学对师生关系和学生的职业理想产生影响。而对这些问题的研究有助于提高有色群体学生和边缘群体学生的学业成就，从而提升教师的成就感，如此将会形成教育实践过程的良性循环。

教师社会化是指个体成为教师共同体成员的过程，其结果是使教师具有教师角色所要求的知识、技能和自信心，并忠诚于这一角色。[①] 格兰特认为，以往教育领域对教师社会化问题的讨论主要是以白人教师为主，而多元文化教育的研究者则推动了对有色群体教师社会化的研究，同时关注有色群体教师的社会化对有色群体学生和白人学生的影响。

格兰特指出，多元文化教育研究对教育理论和实践的一个主要贡献，就是为教育研究者在面对种族、阶层、性别、残障、性取向和宗教问题上的研究提供更为广泛的研究领域。多元文化教育作为教育理论的一部分为教育理论和实践的发展做出了巨大的贡献。多元文化教育的研究者对教育理论和实践的贡献则体现在对多样性内涵的阐述，以及在教育过程中对权利、身份、种族、历史和文化理论的探讨。多元文化教育也为学者讨论种族、性别、社会阶层和宗教问题提供了空间和平台，因为这些问题通常都是美国社会中的敏感话题，学者在公共场合讨论这些问题时都会受到这样或是那样的限制，或是由于研究者自身的文化背景而导致视野受限，对这些问题的看法仅仅局限在固有的模式下。而多元文化教育研究就是要为学者提供一个自由讨论这些问题的平台，在这里学者对包括宗教在内的文化问题进行讨论、分析，也可以将问题扩大至政治和经济结构层面。

① 马华维：《教师社会化策略与内容的关系》，载《心理科学》，2009（1）。

此外，格兰特认为多元文化教育证明了在一定的范围和思潮影响内不同文化群体是可以相互获益的，在这里不同的艺术风格、文学形式、音乐类型、道德标准、宗教信仰可以相互质疑甚至挑战权威，也可以相互借鉴学习，创造出全新的理念和想法。格兰特指出，过去的二十年中多元文化教育的研究者出版了一系列的学术著作，范围涵盖了心理咨询、教学与教师教育、课程与教学指导和教育政策等，这些研究成果加深并拓宽了教育研究的领域。

第四章　格兰特多元文化教育理论的应用及功能扩展

格兰特多元文化教育思想的精髓就是与其学生 C. 史利特提出的多元文化教育的五种课程模式，在此基础之上将其应用于教育实践的不同领域，如教师教育研究、课程体系制定等。格兰特为多元文化教育赋予了更深层次的内涵，提出了社会正义问题是多元文化教育研究领域一个重要的议题；对于社会正义问题的研究涉及了很多的维度，但是他认为从人权问题的角度探讨社会正义是最具有代表性的。因此，本章将着重探讨格兰特多元文化教育的理论应用及功能扩展中所涉及的几方面问题。

第一节　多元文化教育课程模式

20 世纪 80 年代多元文化教育所倡导的理念被广泛的接受，多元文化教育进入发展的黄金期，多元文化教育研究也受到了前所未有的重视，学者纷纷就多元文化教育的课程模式提出了自己的观点，其中以班克斯和格兰特提出的多元文化教育课程模式最具有代表性。格兰特和他的学生 C. 史利特在 1988 年出版的《多元文化教育选择：种族、阶级与性别的五种方法》一书中系统阐述了他们所倡导的多元文化教育课程模式。此书一经出版便在学术界引起了广泛的关注，此后的二十多年间一版再版，共出版了六版，并被其他国家的学者广泛引用。随即出版了此书的姊妹篇《开始学习——多元文化教学的五种方法》，作为《多元文化教育选择：种族、阶级与性别的五种方法》的配套用书，用于指导教师和师范类学生针对不同学科有效地开展多元文化教育。

格兰特和 C. 史利特提出的多元文化教育的五种课程模式旨在帮助教师和师范生针对不同背景的学生开展有针对性的教学，因此每一种课程模式的目标也不尽相同。

一、特殊性与文化差异模式

特殊性与文化差异模式课程的对象是针对来自社会经济地位较低，边缘群体、特殊群体家庭，或是学业成绩落后的学生。课程目标是缩小学生的表现与学校期望间的差距，使其在未来能够适应主流文化社会的生活。课程的内容结合学生现实生活中的经验，帮助学生学习在社会中生存所需要的基本技能知识，较为常用的教学模式包括双语教学、补偿教学和兴趣教学法。

表 4－1　特殊性与文化差异课程模式概述

社会目标	帮助人们适应目前的社会结构
学校目标	通过搭建学生与学校间的有效沟通路径，缩小学生表现与学校期望间的差距，明确占主导地位的传统教育目标
目标群体	来自社会底层和工薪阶层家庭的学生、特殊教育群体的学生、英语水平有限学生、需要通过标准化考试的女性学生、学业成绩落后的有色群体学生
实践方式	课程教学
教学指导	做好相关学生的背景调查；教学内容以填补学生在基本技能知识方面的空白和不足为主；使用学生能够理解的语言进行教学，以帮助学生通过考试；以学生的母语为基础进行标准化的英语教学；适应学生技能水平；尽可能有效地帮助学生降低学业成绩的差异

续表

班级中的其他辅助指导	对教室进行简单装饰，营造出帮助少数群体学生融入主流群体的氛围；使用双语教育、英语作为第二语言教学方式、补偿教学法和特殊教育方式作为临时性的教学手段辅以重点帮助有需要的学生以帮助他们减小学业上差距
学校中的其他辅助指导	欢迎来自低社会阶层和有色群体的学生家长参与学校事务

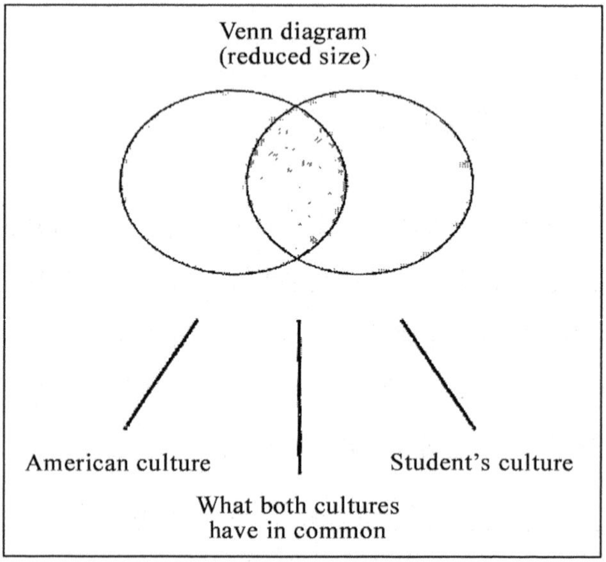

图 4－1　文化差异教学展示图

针对于特殊性与文化差异的课程模式，格兰特在《开始学习——多元文化教学的五种方法》一书中列举出具体科目的教学方法。如在有代表性的针对母语为非英语的学生开设的英语课中，为帮助学生了解传统文化与他们视角下的美国文化的差异而设计的文氏图表，通过帮助学生完成图表而使学生清楚地了解到自身母体文化与美国本土文化中的异同之处。格兰特有关特殊性与文化差异课程模式设计的核心理念是对学生文化背景的关注，在实践教学环节的设计中更多地体现的是教师与学生间的互动，提倡学生在教学活动中的参与度。同时针对不同文化背景的学生设计了不同教学目标的课程，以帮助教师和师范类学生有效地掌握针对特殊群体和文化背景不同学生的教学方法。

二、人际关系模式

人际关系模式以普通心理学和社会心理学为理论基础，其对象是每一位学生。主要目的是帮助来自不同群体的人建立良好的人际关系，提升学生自我概念，降低对他人的刻板印象与偏见，进而培养包容与接受目前社会结构的态度。课程的重点是培养学生对自己和他人的积极态度，帮助学生学习用接纳和关怀的心态取代在与不同文化背景的人交往中紧张而敌意的态度。该模式使用的教学策略包括合作学习、提供不同文化背景学生交往的经验。

表4-2 人际关系模式概述

社会目标	培养学生对现有社会结构团结、包容与接受的态度
学校目标	帮助学生培养彼此间的感情，减少彼此间的刻板印象与偏见，提升学生自我概念
目标群体	全部学生
实践方式	课程教学，开设介绍有关个体同质性与异质性内容的课程；教授学生了解不同群体人员对社会的贡献
教学指导	合作学习法；提供不同文化背景学生交往的经验
班级中的其他辅助指导	对教室进行简单装饰，装饰内容突出学生的个体特征和取得的学业成就；使用类似“我行，你真行！”的话语张贴在教室内
学校中的其他辅助指导	确保各类学校活动、学校政策不打击不同群体学生参与的积极性，同时也不能遗漏任何一个群体的学生；开展全校性活动以促进学生间的和平共处，如向贫困人群捐赠食物

运用人际关系模式开展实践教学虽然不是唯一用于处理不同群体间关系问题的方法，但这是一种旨在帮助不同群体建立平等且没有歧视关系的基本途径。如何将人际关系模式运用到实际的教学中呢？格兰特根据课程内容为教师

们提供了不同的参考课程计划。如针对三至四年级学生开设的社会科学课程中对于全球合作内容的学习给出的建议，是让学生通过课堂活动彼此增加接触的机会，通过彼此间的合作来体会合作的意义，而不是通过教师对国际合作好处的讲授使学生了解国际合作的意义与实际作用，使学生对资源分配的关注转移到如何通过国际合作实现全世界物质资源合理而公平的分配。

三、单一群体模式

单一群体模式的对象是每一位学生，其目的是促进学生对某一特定族群的了解、尊重与接纳，进而促进社会结构的公平。课程重点为关注某一特定族群，从该族群的角度和观点出发了解其文化，族群发展过程中所遭受的困难经历，以及目前发展所面临的问题等。单一群体模式的教学方法强调该族群学生在班级中的贡献，并为学生提供参与班级事务的机会。

表 4-3　单一群体模式

社会目标	促进学生对某一特定族群的了解、尊重与接纳，进而促进社会结构的公平
学校目标	增进不同群体间学生的相互了解，提高学生对不同群体文化的接纳与理解能力
目标群体	全体学生
实践方式	课程教学
教学指导	强调某一族群学生的合作学习
班级中的其他辅助指导	在班级强调该族群学生在班级生活中所做出的贡献，并为学生提供参与班级事务的机会
学校中的其他辅助指导	确保各类学校活动、学校政策和实践做法不打击不同群体学生参与的积极性，同时也不能遗漏任何一个群体的学生；促进全校性活动的开展，鼓励所有的学生积极参与到各类活动之中

我们通过格兰特运用单一群体模式设计的有关移民问题的社会课程大纲中可以看出，传统的课程模式强调对移民问题的关注角度是源自欧洲裔美国人，从而忽视了同一时期来自亚洲的移民。另外，也忽视了向学生介绍难民与移民的区别，而是主观上臆断班级中所有的学生都是自愿移民的后代。单一群体模式则更强调结合学生自身的家庭经历来分享对移民问题的体会，帮助学生正确区分移民与难民的区别。

四、多元文化教育模式

多元文化教育模式希望通过学校的整体改革促进学校内学生学习机会的均等，维护社会正义与文化的多样性。课程综合了不同学者和研究团体的观点和研究成果，强调批判性思维和对不同观点的分析理解能力。主要采取的教学策略包括配合学生的学习兴趣开展实际教学、批判性地思考教学内容与开展合作学习。

表 4－4　多元文化教育模式概述

社会目标	促进社会机构的平等和文化多元主义的发展
学校目标	校内学生学习机会的均等、文化多元主义的发展和不同的学习生活方式的存在，尊重不同种族人群，支持不同群体间的权利平等
目标群体	全体学生
实践方式	课程教学
教学指导	帮助学生建立有关不同群体对社会和国家的贡献及他们拥有不同观点的思想意识，让学生用批评性的思维分析理解不同观点、不同群体间存在的共性与差异性问题；挑战学生的现有学业成绩；对学生的指导要与学生的经验背景相结合；建立多语言教学模式；平等地评价学生的学习，使用多种评估方式和学生可以理解的语言方式

续表

班级中的其他辅助指导	在班级中营造反映和接受班级成员的多样性与不同生活方式的氛围
学校中的其他辅助指导	提高学生家长和社区对学校活动的参与度；参与学校活动的应包括低收入家庭学生家长和有色群体学生家长；学校的教职人员的构成应该具有多样性，具体体现在不同种族、性别、语言和身体残障人士承担非传统角色的工作；学校的装饰、标语及菜单应该反映出不同种族和宗教人群的需求；鼓励所有的学生参加课外活动；学校的处罚规定对待不同群体的学生都应该是平等的；学校中任何建筑都允许所有的学生进入

多元文化教育模式强调的两个基本观点即维护社会正义与文化的多样性，因此格兰特认为，采用多元文化教育模式开展具体的教学实践应该体现在课程材料的选择上。课程材料的选择应该包括不同群体对美国社会所做的贡献和不同文化群体的观点，不同利益和特权群体为了彼此的利益所付出的代价和收获。教学内容不应该仅局限于现有教材，应该根据现有教材对教学内容进行扩充。鼓励学生从多角度来看待问题，尽管在教学中很多问题往往只有一个标准答案，但是学生应该学会从不同的维度来理解和分析问题。教师在面对不同语言群体的学生时，最好能够掌握他们的语言。对于学生的评价不应以考试成绩作为标准，考试仅仅是用来帮助学生和教师完成教学要求的一种手段，教师要坚信每一个学生在将来都有可能获得成功。小组学习的方式是多元文化教育模式所倡导的，教师引导学生根据各方面的兴趣或是同质性的小组学习都会帮助学生建立良好的合作关系，增进彼此的了解。多元文化教育对于学校教职人员的组成和任职也提出了更高的要求，即教职人员在学校中承担的工作最好可以突破传统的职业定位。在家庭和社区、学校的课外活动方面，多元文化教育模式对所应发挥的作用及合理的结构模式都进行了详细的阐述，多元文化教育模式为多元文化教育课程的开展提供了有益的参考。

多元文化教育模式是格兰特倡导的多元文化教育课程模式的核心内容，同时也是其所倡导的五种课程模式中涉及内容最多、涵盖范围最广的一种课程模式。格兰特为了帮助教师体会到多元文化教育对少数群体学生教育的重要之处，他将多元文化教育模式的实践细化到每一个教学环节，用以具体指导教师的教学。多元文化教育模式是多元文化教育在教学实践中的一个具体实施方法，不能将两者混淆。格兰特所提倡的多元文化教育模式是以其多元文化教育思想为理论基础而发展起来的实践模式，体现的是对其多元文化教育思想的实际应用。

五、多元文化社会正义教育模式

格兰特和 C. 史利特在以往提出的课程重建模式（That Is Multicultural and Social Reconstructionist）的基础上提出了多元文化社会正义模式。在《多元文化教育选择：种族、阶级与性别的五种方法》一书的前四版中，格兰特和 C. 史利特都将其多元文化教育课程模式中的第五种模式称为“课程重建模式”，在第五版中使用了多元文化社会正义教育模式代替了之前的课程重建模式。两种课程模式并没有本质上的区别，只是作者为其赋予了更为广泛的内涵和一定的政治色彩。多元文化社会正义教育强调其不仅仅是一种简单的教育实践模式，更是强调其是具有政治性的实践模式，提倡消除社会中存在的群体间压迫现象。在核心内容方面多元文化社会正义教育与课程重建模式相类似，提倡培养学生促进社会结构均等的社会行动能力，促进学校为学生提供均等的学习机会等。课程内容强调开展与种族主义、性别主义、阶级主义等有关的社会议题，以不同族群的经验和概念为课程组织要素，培养学生用批判性思维思考和分析问题的能力及在社会中的处事技巧。教学策略包括为学生提供参与民主决策的机会与开展合作学习。

表 4－5　多元文化社会公平教育模式概述

社会目标	促进社会结构平等和文化多元主义的发展
学校目标	为社会培养促进社会结构平等的公民而准备；促进文化多元主义和多样化的生活方式，及为学生提供均等的学习机会
目标群体	全体学生
实践方式	课程教学
教学指导	课程内容围绕种族主义、阶级主义、性别主义、性取向和残障问题等社会议题；同时还应涉及美国社会中不同群体的生活经验与观点；以学生的实际生活经验为出发点，分析不同群体受压迫的原因；培养学生用批判性思维思考和分析问题的能力；培养学生在社会中处事的能力与相关技巧
班级中的其他辅助指导	教室内的装饰应反映社会行动的主题、文化的多样性和学生的兴趣；避免在测试和分组过程中指定某些学生作为失败方
学校中的其他辅助指导	使学生参与学校有实质性议题的民主决策中；使更多的工薪阶层和少数群体学生家长参与学校的活动中；学校也应该参与社区的活动；学校教职工的组成应该体现多样性，包括不同的种族、性别和残障人士；在学校的装饰、标语及菜单应该反映出不同种族和宗教人群的需求；使用包含不同群体在社会中承担不同角色内容的学习资料；课外活动应该确保所有群体的学生都能参与其中，不强化刻板形象；学校的处罚规定对待不同群体的学生都应该是平等的；学校中任何建筑都允许所有的学生进入

第二节　多元文化教师发展理论

格兰特自 20 世纪 60 年代开始执教于芝加哥城区的一所小学，担任科学和社会课程的教师。即便在读博士期间，他也一直往返于芝加哥和麦迪逊两地担任代课教师。多年的基层教学经历使他对教师的角色定位要比一般的学者有着更为深刻的认识，因此格兰特在开始学术研究后将教师发展问题作为其研究的重要内容之一，并逐渐形成了自己的一套教师教育理论。1990 年格兰特被美国教师教育学会评选为美国教师教育的 70 位重要领导人之一，这是美国教师教育研究领域的最高殊荣，这也是对格兰特对美国教师教育发展所做出贡献的肯定。格兰特对教师发展的研究以多元文化教育研究为视角，重视不同文化因素对教师自身观念和教学过程的影响。

一、格兰特对教师角色的分析

格兰特在《文化的传递者：教师角色的再议》一文中指出，在当今社会教师的角色定位早已不再局限于作为知识的传递者，而是要帮助学生去解读和适应社会发展的现实。因此，格兰特提出教师在一个多元化的社会中作为文化传递者这个角色有着非常重要的意义。

美国的校园中弥漫着种族主义，因此如果教师不能真正地认可和接受个体存在的多样性，那么他们很难真正地做到文化的传递者。教师为了更好地承担起文化传递者的角色，首先就应该学习如何正视自己。很多教师承认在种族主义、性别主义和阶层主义问题的认识上需要帮助，同时也非常不愿意去面对这些问题。如果他们很难做到对自己有一个清晰的认识，就有可能将自我观念中存在的某种偏见带给学生，从而影响到学生的发展。其次，作为文化的传递者教师应该具备在单一文化和多元文化的背景下分析自我行为本质的能力。教师的行为包括语言上的和非语言上的，行为对象涵盖学生、同事、父母和自我。再次，作为文化的传递者教师在单一文化背景下工作需要分析自我的教学实践，以确定是采用直接的方式还是间接的方式向学生传授有关国家中存在的文化多样性的问题。最后，教师作为文化的传递者应是多元文化教育的支持者，最基本的就是要尊重所有的人。① 这种尊重不仅仅建立在他们的社会、种族、文化或是宗教的背景之下，也是因为出于对人类的尊重。多元文化教育的本质

① Carl A. Grant. The Mediator of Culture: A Teacher Role Revisited. *Journal of Research and Development in Education*, 1977, PP. 107 ~ 117.

就是要消除民族中心主义支持文化的多样性。

二、多元文化教师教育的研究

格兰特从一名小学教师通过博士阶段的研究训练，成为了威斯康星大学的一位教授，再结合自己的亲身经历，就更加意识到教师是教育过程中重要的能动因素。早在20世纪70年代，他开始关注教师教育，并从多元文化教育的角度对教师教育问题提出了自己的观点，教师教育应该以公平和平等作为其核心理念，并将其贯穿于教师的培训之中。他指出教师对于学生的影响不仅仅是其学业成就，而是会影响到学生未来的发展，这包括学生的职业选择及对待各种问题的观点和看法。特别是教师对于少数群体学生及其文化的态度，会影响到学生在未来成长为某一社会角色后对少数群体的看法及态度。

（一）教师应具备的基本素养

格兰特指出教师不仅应该具备扎实的学科知识，同时也应该掌握文化回应教学（Culturally Responsive Teaching）的教学策略。文化回应教学的教学策略在美国主要针对来自不同文化背景的少数族裔学生群体，它强调在课程教学过程中要引导学生了解和加深对本民族或地域文化的认识和传承，并和现代社会、科技、文化知识结合，才能有效地提高少数族裔学生的教育水平。这种教学方式在美国教育界产生了很大影响，受到广泛关注和采纳。

格兰特认为采用文化回应教学策略的教师应该具备七个方面的素养：第一，教师应该相信所有的学生会获得学习和生活上的成功，同时应该对所有的学生寄予较高的期望；第二，在班级中以鼓励学生间交往和开展合作为主要方式帮助学生建立“学习共同体”；第三，最大限度地建立班级与学生家庭、学校和所在社区的联系；第四，教师本身也是学习者，教师这个职业就是要求教师不断地学习以丰富自己，从事教师这一职业的人都具有扎实的专业基础，同时对教育事业充满了极大的热爱，因此教师为了更好地帮助学生应该摆正心态，甘愿成为学习者；第五，教师应该采用不同的教学方法以满足不同学习者的需求；第六，教师们应该了解学生所掌握的技能和相关经验，并通过掌握的这些信息引导学生学习，同时鼓励教师间彼此分享教学经验；第七，教师应该经常自省和反思自己和教学过程，并应该不断地审视自己的信念和行为是否存在对某些群体学生的偏见和歧视。教师不应惧怕教授具有某些“标签”的学生。[①]

格兰特指出教师应该对自我有清晰的认识，即对自我理解和自我接纳能力的认识，同时也包括如何理解人类和社会的特征对教学的影响。对自我的认识涉及在课堂之外教师如何去爱护和帮助学生。教师有权承认自我思想中存在的对某些群体学生的固有的偏见或是对待学生的标准不一致，对于教师来说，清楚地认识自己的观念很重要，也要去认真思考为什么会存在这样的观念，这样的观念对自己的教学过程会产生哪些影响。如果教师不能直面自己观念中存在的问题，那么他很难有效地教导学生，也不可能与学生的家长和其他需要帮助的人群建立良好关系。

此外，对于教师所应具备的基本素质，格兰特还提到了教师应该具有成熟的教育理念、扎实的学科知识和教学知识。为了更好地帮助学生了解学校外面的世界，教师应该具有丰富的社会经验和教育心理学方面的知识。

（二）教师应具有的基本态度和性情

格兰特引用杜威的观点指出教师应具有宽广的胸襟、高度的责任感和对教育事业的热爱。宽广的胸襟即要求教师不应该对学生存有偏见，同时愿意接受新鲜事物和新的思想。对教育事业的热爱即要全身心地投入教学中，将教学看

---

① Carl A. Grant & Maureen D. Gillette（Ed.）. *Learning to Teach Everyone's Children: Equity, Empowerment, and Education that Is Multicultural.* Cengage Learning, Inc., 2005, P. 56.

作一种使命而不仅仅是一项工作，这种使命就是为了更好地完成教学工作而不断地挑战自己。教师具有的责任感主要是指教师作为知识分子应承担的社会责任，主要包括对新知识的探索和勇于承担责任的意愿。这就意味着，教师在教学过程因为责任感而感觉到有压力是正常的同时也要乐在其中。另外，民主教学氛围也是教师在教学过程中所应提倡的，民主教学即要求教师在所有的教学活动中确保所有的学生都能够参与其中，并且相信所有的学生都能够获得成功。教师应具有道德规范，从道德规范的角度出发教师对问题的思考不仅仅应该考虑到其他人如学生、同事和家长本身，而应是考虑到他们的需求、动机和期望。

（三）多元文化的教学管理策略

教师如何从多元文化教育的角度出发管理班级是很多新教师的困惑，即便是经验丰富的教师也在思考如何能够更有效地管理班级。格兰特认为应用多元文化教育理念时，教师应该在班级中建立以促进学生获得个体、学业成就和社会成就为主要目的的学习者共同体。在这里，学生间、学生和教师间彼此尊重并持有共同的目标；要确保学生、家长和教职人员能够参与学校全部的政策制定和管理中；学校中不允许有教师对学生或是学生间有语言上的攻击，以及身体和行为上的虐待现象出现。如果有这样的情况发生，学校应该采取适当的、公平和有效的方式予以解决；教师、管理人员和职员要确保制定的政策、管理过程和教学实践在公平和平等的基础上，并时刻审视自己的观念和行为；教师应该关注与课程教学相关的学习活动，尽可能开拓一些学生可以亲自参加的活动，而不是用奖惩手段强迫学生完成无聊的或是与学习不相关的任务。

（四）多元文化教师教育课程模式

格兰特多元文化教师教育课程模式的制定采用了其在多元文化教育课程模

式的指导思想，即采用格兰特和他的学生 C. 史利特所提出的五种多元文化教育课程模式。

其一，从特殊性与文化差异模式的角度出发，教师应该掌握基础教育阶段学生所应了解的有关社会结构和以欧洲为中心的文化方面的知识。教师采用的教学方法是将与课程相关的内容和学生的背景、学习特点相结合以提高学生的学习效率。针对教授不同文化背景学生的教师培训项目，不能仅关注培训教师如何帮助学生和学校间建立有效的沟通路径及教授学生如何适应主流文化标准，而忽视了学生文化连续性的问题。

其二，教师教育中采用人际关系模式是强调将人际关系模式置于课程教学活动之中，师范学生应该学习如何通过课程和教学活动消除对种族、阶级和性别存在的固有成见，还需要在课程中指出庆祝文化节日、强调英雄人物及女性作家和有色人种作家作品的重要性。同样，师范学生要学会利用合作学习的模式帮助学生了解如何开展团队合作及调动学生的学习积极性。从人际关系模式出发的教师教育模式，应该教导师范学生尊重学生的多样化背景并促进不同文化群体学生的和睦相处。在现实生活中，真正的群体冲突通常都会被掩盖，因此学生应该用批判性的视角审视那些没有产生的种族、阶级和性别上的压迫。

其三，单一群体研究的教师教育模式强调教师要向基础教育阶段的学生传递有关文化和各个群体对社会的贡献方面的信息，同时也要帮助学生认清现在的社会中这些群体所受的压迫和他们是如何融入主流群体。

其四，多元文化教育模式强调的是提升社会结构的平等和文化的多元主义。教师的课堂教学应该围绕不同文化群体对社会发展所做出的贡献和他们的观点开展，审视社会中存在的种族、阶层和性别的不平等现象。同时，教师应该了解性别歧视的社会化表现形式，种族和社会阶层压迫是如何通过他们的教学实践表现出来，关注来自不同群体的男性和女性的社会化过程。还要学习如何帮助基础教育阶段的学生形成良好的学习习惯，促进学生对问题的思考和分析能力。

其五，社会重构教师教育模式是对单一群体研究模式和多元文化教育模式下教师教育问题的延伸，它是强调帮助师范学生学会如何教授基础教育阶段的学生批判性地分析社会中存在的不公平和压迫现象，特别是在学生自己生活环境中所遇到的不公平和不平等的社会现象。同时要向基础教育阶段的学生传授培养社会行动力的技巧与方法。

（五）多元文化教师教育实践——以城区学校教师培训为例

格兰特指出美国教师培训中没有针对供职于城区学校教师的专门培训计划，而在城区学校工作的教师通常要面对来自少数族群和低收入家庭的学生。对于缺少实际教学经验的新教师，在如何帮助这些来自边缘群体的学生获得学业上的成就，以及如何帮助他们融入主流社会方面是需要专门指导的。格兰特也指出，对就职于城区学校的新任教师，在其作为师范生接受的教育过程中缺少针对教授少数群体学生的系统训练，因此作为在城区学校供职的新教师应该通过自身的社会化和改进教学方法上提高教学质量。

供职于城区的新教师自身的社会化主要是指新教师在对不同学生所持有的态度的转变和教学技巧方面的改进。而这些方面的转变最重要的一种方式就是通过向那些拥有丰富城区学校教学经验的优秀教师学习。新教师应该在经验丰富的教师的指导下工作几个月，以获得有针对性的指导。同时在对城区学生文化背景的认识上不能片面地认为他们是文化贫瘠的人群，要去了解和接纳他们的文化。针对城区学校学生的授课方式和课程内容的选择是新入职的教师必须要予以重视的方面。为了更好地帮助城区学校学生改善学业成就，他们学习的课程所涉及的知识面既不能太窄也不能脱离城区学生的实际生活，同时要鼓励学生树立积极的人生目标。教师还要通过课程帮助学生去分析他们所生活的环境，及如何理解像他们这样的一群人为什么生活在这样的环境之中，这其中也要包含开展一些可以帮助学生提高社会行动力的课外活动，以面对未来的生活。城区学校的教师要有一种使命感和责任感，只有他们会一直为城区学校的学生的未来发展而努力，他们是最能为城区学生提供直接帮助的群体。

格兰特在《为教授城区学校学生而做准备的教师的最佳实践方式：对多元文化教师教育的文献研究》中通过对44篇有关文献资料的分析，为准备在城区学校供职的教师的职前培训提出了具体的指导意见：①

其一，多元文化教育的思想要贯穿于全部的培训内容之中。职前培训的全部课程内容和指导方法要全部体现多元文化教育的思想，多元文化的培训课程是要帮助学生了解多元文化知识，要包括有关个人和职业意识多样性方面的知识。但同时要认识仅仅做好这方面的准备是不足以胜任在城区学校教学或是教授有色人群学生的需要。

其二，通过多元文化教育研讨会的形式来帮助新教师获得有益的经验。

其三，职前培训项目的内容应该涉及有关的经验介绍，如新教师曾经生活过的不同文化背景环境的情况。新教师所拥有的不同文化环境的生活经历有助于他们理解学生的实际情况，同时在授课和课程指导过程中更能贴近学生所熟悉的文化背景。

其四，新教师需要与拥有丰富多元文化教育知识，并在实际的教学过程中运用多元文化教育的思想指导班级管理和活动的教师团队一起工作。多元文化教育的指导形式上可以是多样的，如通过阅读相关材料、分享以往在多元文化学习和在多元文化社区生活的经历等。同时给学生布置一些用批判性思维分析有关种族、阶层和性别问题的作业。

三、多元文化教师教育与社会正义

"社会正义"一词最早出现在19世纪40年代，由意大利天主教学者塔帕

---

① Carl A. Grant. Best Practices in Teacher Preparation for Urban Schools: Lessons from the Multicultural Teacher Education Literature. *Action in Teacher Education*, Vol. 16, No. 3, 1994, PP. 1 ~ 18.

乐理（Luigi Taparellit）在他的《一项建构在经验上的自然法理论尝试》一书中首次提出，并将社会正义定义为“人与人之间”的正义。塔帕乐理提出的社会正义的概念并不为当时的社会所接受，教会中甚至视这个词为“现代主义的毒苹果”加以拒绝。直到二十年后的1863年，古典自由主义学者约翰·米勒（John Stuart Mill）提出了以“为尽可能多的人提供最大的利益”为核心理念的社会正义被广泛地接受。进入20世纪70年代初，自由主义学者罗尔斯（John Rawls）的《正义论》，社会正义再次成为社会上讨论的焦点。伴随着罗尔斯《正义论》的出版，美国社会上有关争取社会正义和公民权利的运动也如火如荼地进行。这些运动对美国教育发展产生了重大的影响，同时也对教师教育的传统模式带来了挑战。

格兰特指出，20世纪60年代至70年代的各类争取民主权利的运动引发了对教师的基本素质和能力的讨论，特别是有关教师的知识结构、教学技能和教师教育课程的设置方面的讨论，并认为教师教育的研究者们应植根于争取社会正义的大环境之中。从社会正义的原则出发，就需要重新界定教师的基本素质和能力，也就是对教师教育的目标提出了更高的要求。在社会正义原则的要求下，教师所具备的基本技能不仅仅是丰富的学科知识和娴熟的教学技巧，而是要考察教师在面对来自不同群体的学生时如何能够通过教学过程来满足他们的不同利益需求。

从社会正义理论的角度评价教师教育，应关注教师教育培训项目的设置是否以解决结构中存在的不平等现象为出发点；是否对当前经济形态有较为明晰的认识；是否以对不同文化的尊重与认同为基本原则。格兰特指出，教师教育的主要目的是使教师具备教学中所需要的基本技能和相关知识，但是在美国教育培训的目标主要是针对于帮助白人教师更好地教授白人学生，而忽视了对种族问题的关注，由此导致教师教育无法体现社会正义原则所倡导的基本理念。

格兰特将社会正义的理念注入教师教育之中，使教师教育突破了以提高教师的基本教学技能和个体素质为目标的传统模式，而将教师教育建构于促进社会公平和正义的基础之上，对教师教育提出了更高的要求。教师作为教育实践活动最主要的实施者，其作用不仅会影响到学生学业成绩的高低，更会影响到学生价值观的形成。因此教师教育的理念和实践直接影响到教师在教学实践过程中的动机与做法，将社会正义的原则融入教师教育之中是对教师基本价值观和人生观的重新审视。特别是在美国这样一个多元化的社会，教师所要面对的是来自不同群体的学生，要能够摒弃固有的偏见，公平地对待每一个学生，帮助他们在未来的社会中实现个人的价值并获得认可。

第三节　多元文化教育的教学实践

格兰特非常重视将多元文化教育理论应用于教育教学的实践，从教学理念到课程计划设计再到教师教学过程中所涉及的语言和性别问题等，他都不断地将其多元文化教育理念应用其中，为从事教学工作的一线教师和相关研究的学者提供了很多值得借鉴的实践经验。而他在威斯康星大学麦迪逊分校实施的多元文化学习社区（Multicultural Learning Community，MLC）项目更是为高校开展多元文化教育实践提供了有益的借鉴。

一、多元文化教育课程教学设计

格兰特从文化多样性角度出发提出多元文化教育课程教学理念并将其应用于教学的实践，通过比较不同课程设计模式所达到的不同教学效果，进而更为直观地阐述其多元文化教育理念。

（一）多元文化教育课程教学的理念

格兰特从文化多样性角度出发提出多元文化教育课程教学理念应体现以下

几方面的内容：

其一，课程内容体现不同族群对社会的贡献或是人与人之间的关系，通俗地讲，即在课程内容中增加对英雄人物、节日和庆典活动异同的研究。这一理念的原则是在不改变原有课程理念的前提下，仅仅通过补充相关学习内容来增加学生对不同群体的了解。

其二，课程中使用的研究方法以对种族研究、女性研究或是单一群体研究为主。深入地以一个边缘化的群体为研究视角，在边缘群体的选择上可以是一个种族或是一个民族群体、女性群体、残障人士群体、同性恋群体或是其他少数群体。以对印第安人的健康医疗体系研究为例，引导学生思考为什么印第安人社区缺少良好的健康医疗体系，如何将传统印第安部落的医疗体系与当前的医疗体系相联系。

其三，课程模式采用革新性多元文化教育课程模式。格兰特通过具体的教学内容说明了革新性多元文化教育课程在具体教学中的应用，在讲授“文学作品中移民形象”的内容时，革新性的多元文化教育课程的第一模块应该首先帮助学生从非裔作家、拉美裔作家、欧洲裔作家和身体残障作家的作品中了解“英雄”内涵。

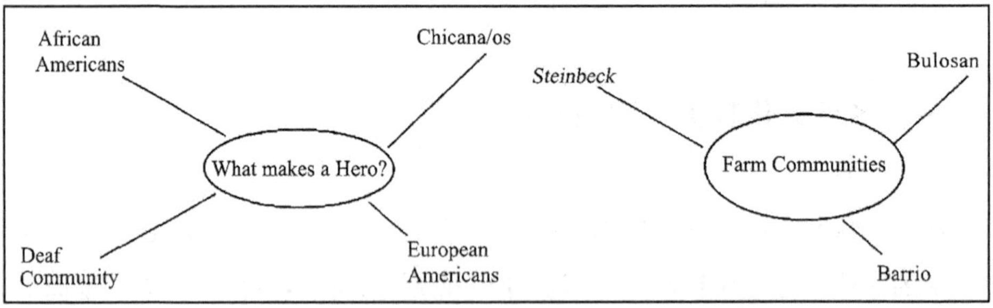

图 4－2　革新性的多元文化教育课程教学内容展示

其四，课程的目的是要提升学生的社会行动力，树立社会重构或是反种族主义的理念。

（二）多元文化教育课程设计实践

格兰特在《为学业成就与平等的多元文化教育》（*Doing Multicultural Education for Achievement and Equity*）一书中为多元文化教育课程设计提供了非常系统化的参考。其中包括在教学中教师与对自身文化认同有问题的学生对话；一些教学指导和学生练习的活动以及多元文化教育的实践性活动等。书中通过对具体课程的设计，帮助教师建立多元文化教育的教学理念。

以一个小学五年级教师使用多年的有关介绍北美大陆开辟过程的课程大纲为例，我们来探究一下格兰特是如何指导教师运用多元文化教育的理念设计课程的。

修改前的多元文化教育课程案例设计示例：

北美大陆的开辟

课程目标：

1. 使学生掌握通过不同渠道收集资料的技巧，如通过书本、百科全书、字典和网络等。

2. 使学生能够以当时的时代背景与地理位置相联系描述早期美洲大陆的开辟者的目的和开辟过程。

3. 学生通过研究过程中收集到的资料完成一份调查报告。

教学安排：

1. 帮助学生学习通过浏览各种资源收集资料。包括非小说类的书籍、小说、杂志、字典、百科全书和互联网；所有的资料应与早期北美大陆的开辟有关。将学生分成不同的小组，同时指定使用一种参考资料类型来完成任务。给学生足够的时间去发掘所需的资料；学生们需要列出他们所使用的参考资料的基本特征为他们提供了哪些有用的资料，及他们如何组织开展资料收集，及在资料使用中遇到的问题等。每一个小组要做小组展示，在展示的过程中要罗列出每一种参考资料的特点。

2. 从学校和外界的角度组织学生就开拓问题进行讨论。告诉学生将要开始一个有关早期北美大陆开拓的新单元的学习。建立一个图表让学生来填写相关内容，图表内容包括三个方面：即你对要学习的内容已经有多少了解、你想要通过课程学习到什么、课程后你学到了什么。用头脑风暴的方式让学生填写以前了解到的有关早期开拓北美大陆的知识，后面的部分重点关注学生想通过课程学习到哪些新的内容。

3. 以图表中的一个问题为例帮助学生了解如何从不同参考资料中查找到有用的资料。

4. 将学生分为三个小组，用北美大陆早期的三位开拓者为这三个小组命名，相应的小组中的每一个学生用头脑风暴的方式列出8—10个有关小组命名的开拓者的问题。鼓励学生提问，如为什么他们要开始远征？他们到达北美的路线？他们都带了哪些补给品？在他们航行和到达北美大陆后遇到了困难吗？一旦他们到达后他们做了什么？他们返回了欧洲大陆吗？他们返回过北美大陆吗？

5. 学生通过利用所有不同类型的资源开始他们的任务。当学生完成对于开拓者资料的收集后，他们应以时间为顺序描述出他们在远征途中的大事记。此外还要完成一份能够显示远征路径的地图和一份书面报告。

6. 让学生展示自己完成的任务，同时给大家时间相互彼此交流学习。

格兰特指出，从多元文化教育的角度出发，这个课程计划存在三个方面的问题：第一，课程计划中选择的北美大陆的开拓者是欧洲人眼中的开拓者；第二，在课程的安排中没有给学生选择研究对象的机会，也无法向大家展示他们的学习成果；第三，没有对学生学习到的内容进行评价。从这三点出发，格兰特对这一课程计划进行了重新设计。

修改后的多元文化教育课程案例设计示例。

北美大陆的开辟

课程目标：

1. 使学生掌握通过不同渠道收集资料的技巧，如通过书本和网络等。

2. 使学生从不同的角度批判性地理解对北美大陆的开辟，同时根据对此的分析得出相关结论。

3. 学生通过对开拓者的研究总结出他们的特点。

4. 学生要用清晰恰当的语言在小组中做展示，展示时也可借助实物模型等。

教学安排：

1. 向学生介绍在收集资料过程中能够采用的各种不同资源。包括非小说类的书籍、小说、杂志、字典、百科全书和互联网；所有的资料应与早期北美大陆的开辟有关。将学生分成小组并指定一种参考资料类型来完成任务。给学生足够的时间去发掘所需的资料；学生们需要列出他们所使用的参考资料的基本特征为他们提供了哪些有用的资料、他们如何组织开展资料收集，以及在资料使用中遇到的问题等。每一个小组要做小组展示，在展示的过程中要罗列出每一种参考资料的特点。

2. 从学校和外界的角度组织学生就开拓问题进行讨论。告诉学生将要开始一个有关早期北美大陆开拓的新单元的学习。建立一个图表让学生来填写相关内容，图表内容包括三个方面，即你对要学习的内容已经有多少了解、你想要通过课程学习到什么、课程后你学到了什么。用头脑风暴的方式让学生填写以前了解到的有关早期开拓北美大陆的知识，后面的部分重点关注学生想通过课程学习到哪些新的内容。

3. 首先让学生回答谁最先发现了北美大陆。随后让学生列出他们认为的开拓者。告诉学生这些开拓者都宣称第一个发现了北美大陆。在小组讨论中学生需要选择这7个人中的一个作为研究对象。在他们的报告中需要向听众证明他们选择的“开拓者”是第一个发现北美大陆的。学生们要在座谈会中对他们的研究结果进行介绍，座谈会上要有由学生扮演的7位开拓者和其他的五年级同学及家长参加。主持人会邀请这7位开拓者通过回答一系列的问题来讲述他们的故事。开拓者要对研究过程中使用的收集信息的方式进行阐述。小组成员需要通过表演形式说服听众支持他们的观点。在座谈会的最后，听众需要通过投票选举出他们所认为的北美大陆的第一个开拓者。

4. 将学生分为7组并指定两名学生作为主持人。为了公平通过抽签的方式决定每个小组所要研究的开拓者。

5. 小组内每一名成员都要参与本组的资料收集之中。此外，小组成员还需要参与完成以下三项任务：(1) 执笔者（负责将收集到的资料填写到制作的表格之中）；(2) 开拓者（负责扮演开拓者并且要在讨论会上做报告）；(3) 后勤工作者（负责准备讨论会中所需各种道具，如地图、图表等）。学生需要考虑如何安排小组成员所承担的任务。两位主持人的任务是负责讨论会、安排讨论会日程、拟写和派送邀请信，最重要的是要记录每个小组每天的情况，小组成员在向教师寻求帮助前需先向主持人咨询。

6. 列出每个小组需要回答的问题：

* 介绍一下你自己。你从哪里来？

* 你为什么要进行探险？你们要寻找些什么？

* 请告诉我你们的行程。什么时候离开故乡，用了多长时间到达了北美大陆？如何到达的？在这个过程中你看到了些什么？

* 你什么时候到达的北美大陆？你看到了什么？

* 讲讲你个人的其他故事，有什么其他的有关你行程的证明吗？

7. 学生在汇总小组信息前利用各种资源应该想好如何回答这些问题。如何将从参考资料中获取的资料转换成自己的语言和如何用文本展示自己的发现。

8. 学生应该了解研究的过程，并采用标准化的写作格式。总结出他们的开拓者的特点，并准备相关道具。这些需要小组成员共同的努力来完成，或是由小组分工决定由哪些小组成员来完成。

9. 在正式开始前几天需要进行一个带妆排练，并进行录像以帮助学生从观众的角度审视自己的表现。学生需要对他们的表现进行讨论，同时为了增加他们表演的说服力，需要在表演中增加眼神的交流。

10. 表演的当天观众要聚集在以各个开拓者为代表的小组前。讨论的最后，依据各小组展示的各种证据正式地选举出谁是他们认为的北美大陆的开拓者。小组成员需要与听众们进行讨论，他们在今天获得的信息与以往他们了解的信息有哪些相同或是不同的地方。还需要指出有多少本土美国人认为原著人在北美大陆，或是由此去往其他的地方。换句话说，并不是本土美国人发现了美洲，而是创造了这里。学生可以通过互联网来获取相关的信息。

11. 当全班同学将收集到的有关历史事件的信息整理到一起后需要讨论多元化视角对于信息收集的重要性。要了解学生在收集信息的过程中是否遇到过困难，他们收集到的资料是否与他们所支持的开拓者相矛盾。根据找到的几本书如教科书、百科全书等观看所有的表演，评价收集到的资料。尝试问几个问题，看他们收集到的资料是否有误导、错误的地方？或是他们是否讲述了一个完整的故事？

评估学生的学习：

1. 评价研究过程中的每个环节，学生通过收集不同的资料，对用以证明自己观点的资料进行筛选。

2. 测评学生的评判性思维能力，每个环节的开始与结束前要完成 KWL 表格。鼓励学生不仅要列出所学习到的历史知识，也要对学习到的历史事件形成自己的观念。

3. 在小组讨论中，从学生的语言表达是否清晰，声音、语气是否恰当，辅助设备使用是否有效来评估学生个人表现；还要收集观众的反馈表。

通过比较这两个课程计划，我们可以看出从多元文化教育的角度出发设计的课程计划，强调的是不去用固有的模式来限制学生的学习，而是鼓励学生从不同的角度出发提出自己的观点，并通过不同类型的学习和研究过程来验证自己的观点。教师的作用则更多的是引导者和组织者，而不是将学生限制在一定的范围内机械地接受对某些问题的看法。教师为学生营造了一种自主性较强的学习模式，在这一模式下学生不仅用探索式的学习方法完成了教学目标所要求内容，同时在学习的过程中增加了彼此交流的机会，增进彼此的了解，建立并形成自己的人际关系脉络。课程的最后，增加了测评环节，这个环节不是通过标准化考试来评价学生掌握了多少知识，而是通过全面考察、全员参与的形式对每一个参与者进行评价，既体现了对学生劳动成果的尊重，也发扬了民主的精神。格兰特从多元文化教育的角度设计的课程大纲尽管弥补了原有教学模式中对学生个体思维限定带来的局限，在课程中也体现了多样性和民主性的原则，但这是在一种理想的状态下设计的课程计划，在现实中很难要求针对每一次教学内容都要完成如此复杂的各个环节，尽管教学效果很好，但是也需要兼顾整个学期的教学进度安排。因此，将此作为阶段性学习总结插入每学期的教学活动之中还是非常具有可操作性的。无论操作性如何，我们强调的是要学习其中所蕴含的多元文化教育的理念与做法。

二、多元文化教育中的语言教育

语言被视为体现人类多样性的重要外在特征之一，也是仅次于种族的另一代表人群特征的重要标志。对于边缘群体而言，语言代表的是一种基本权利，代表着族群的集体尊严，语言的地位更象征着族群之间的权利关系。对于学校教育而言，语言不仅仅是人类表达思想的重要工具，同时也是一种有价值的学习工具。因此很多教师认为，如果学生能够很好地使用自己的语言，那么他将较为容易地在学业上获得成功。教师在学校中要面对来自不同文化群体的学生，他们中很多人的母语并不是英语，如何帮助这些学生在学习过程中享有平等的受教育权利，语言问题就成了很多教师必须要面对的一个问题。格兰特指出，面对第一语言非英语的学生，教师首先要在思想上明确，即使这些学生不能说标准的英语，但是他们为班级带来了不同的知识背景和语言技能。如果这些学生掌握了除英语外的第二种语言，那么教师的一个任务就是帮助他们学习使用新语言掌握新知识。为了更好地指导教师教授英语作为第二语言的学生，格兰特从教学实践入手给出了具体的教学策略：①

其一，为学生提供理解课程所需要的背景知识，为他们提供与这些背景知识相联系的学习机会。尽可能地鼓励学生通过画图和戏剧的形式将他们已经了解到的背景知识与将要学习到的内容间的关系表达出来。帮助他们将课程中学习到的新观念与现实生活建立起联系。通过学生的讲解和所画的图画，教师将会了解学生掌握到的那些知识，并帮助他们建立起彼此的联系。

其二，教授学生需要掌握的重点词汇。尽可能地将这些词引入有意义的讨论之中而不是简单、孤立地让学生记住这些词。同时不要过度增加学生的词汇量，学生掌握的词汇量应控制在他们经常使用范围之内，这样才能保证学生经常使用这些词汇。

其三，教师在授课的过程中应多使用图片、演示教学法、教具、实物展示和戏剧表演的方式。教师在教学中尽可能多地为学生提供非语言的线索帮助他们领会教师的意图。实践活动对达到预期的教学效果非常有帮助。例如，当你观看外语电视节目或是电影时，是很强烈地依赖于一些非语言的线索去帮助理解故事情节的。另一个需要记住的事情，在拥有较少线索的情况下，听到用另一种语言的谈话时是非常累和让人紧张的。教师要了解对于一个英语学习者想要参加班级讨论的难度要远远高于仅仅听一个人讲话的难度。尽可能多地用各

---

① Carl A. Grant, Christine E. Sleeter. *Doing Multicultural Education for Achievement and Equity*. New York: Routledge, 2007, PP. 157 ~ 158.

种线索对口头表达进行补充，这样可以帮助英语非母语的学习者了解谈话的主要思路。

其四，教学中使用图表来映射相关概念，因为这样有助于概念的阐述，同时也可以直观地表现相互的关系。

其五，教学策略上多采用合作组的方式来要求学生完成学习任务。尽管不是所有的学生都喜欢合作学习，但是这种方式有助于英语非母语的学生用语言来表达自己的想法，以达到锻炼语言能力的目的。如果班级里有几个学生会说一样的语言，那么可以将他们分在一个小组里，因为这样他们可以相互帮助理解讨论的内容。在大多数情况下，无论怎样学生都听到了大量的英语。对于学生要学习的学术概念，那些参与讨论的人们会帮助英语非母语的学生理解这些概念而不会因为语言问题而有什么损失。

其六，教师要在课程的最后对课程主要思路进行总结。出色的教师无论如何都会这样做的，因为这样可以更好地帮助英语非母语的学生领会课程的主要内容。如果学生能够用英语进行阅读，那么在简短的讨论后应该要求学生在黑板上写出主题思想，这是在视觉上帮助学生对所学内容进行强化。

三、多元文化教育中的性别教育

格兰特对学校教育中有关性别的议题做过很多探讨，如课程中较少涉及女性问题，课堂活动及各类课外活动中教师倾向于选择男生，女生对自我认识的局限及女生的某些课程成绩不佳等。但是格兰特未将性别问题作为专题进行深入研究，而是将其纳入了多元文化教育研究的范畴，与种族、社会阶层及残障问题共同进行研究。格兰特指出，相比于种族问题，性别问题受到的社会关注非常有限，学校中使用的教材和社会传媒对女性都存在固有的偏见，这必然影响到女性学生在学校和未来社会中的发展。多元文化教育课程中涉及性别教育的目的，就是要帮助学生审视并澄清他们对于性别问题的刻板印象和误解，使学生无论种族、阶层和性别都享受到平等的受教育机会，避免因为学校教育对于性别问题的忽视而影响学生未来的发展，特别是职业选择和对待边缘群体的认识。

格兰特虽然对于如何开展性别教育的问题则未做过多专题研究，但是他认为，从多元文化教育的观点出发，学校和教师有责任推进性别平等教育。教师在教学的过程中应该避免因对性别问题的刻板印象和误解而影响到对学生的态度。综合格兰特散见于其对多元文化教育研究中涉及性别教育问题的研究成果，可以总结出，对于性别教育他建议教师在课堂教学中对男女学生的提问频率应相当，特别是在科学课程和数学课程中提问男性学生和女性学生的次数要相近；在班级的管理中要安排女性学生和男性学生共同承担领导角色；对待白人女性学生和有色人种的女性学生的态度应该一致，同时应该鼓励他们参加学校和班级组织的各类活动。此外，教师在选择教材和阅读材料时要选择一些涵盖女性发展历史和女性文化方面的材料。在教学过程中教师应该通过学习小组的形式增加男性学生和女性学生之间的了解，消除对性别存在的固有偏见也是教师的教学内容之一。

四、实践中的多元文化教育模式

多元文化教育的开展与推广在美国的基础教育体系已经得到了广泛的认可，并且很多学校都开设了有关多元文化方面的课程，多元文化教育的模式和教师队伍也在实践中不断丰富与壮大，但是在高等教育阶段并没有系统化地开设多元文化教育方面的课程。2001 年格兰特作为威斯康星大学麦迪逊分校多元文化学习社区（Multicultural Learning Community，MLC）项目的负责人参与威斯康星大学麦迪逊分校推进多元文化教育的进程之中。多元文化学习社区以大一新生为主要目标，在学生宿舍中辟出一层或者两层供参与多元文化学习社区的学生居住和学习使用。实施多元文化学习社区项目的目的是要为来自不同文化、不同种族和使用不同语言的学生提供一个可以相互学习的场所，学生们可以是异性恋、同性恋或是双性恋。多元文化学习社区项目的活动内容主要包括一系列的学习沙龙、实地考察、辩论赛、有关社会正义主题的戏剧表演，以及与其他的学习社团合作等。同时，为学生布置一些有关文化主题的小型人类学调研任务，指导学生阅读一些有关种族、阶层、性别、语言和宗教方面的书籍，并就此开展讨论；让大家生活在一起以便相互了解。

通过多元文化学习社区项目，丰富了学生的个人生活，也增加了他们的人生阅历。格兰特和他的同事们希望通过这一年在多元文化学习社区学习生活的经历，能够引导他们的未来职业选择和社会生活，增强学生社会公平意识，使学生们能够更多地关注有关种族、阶层、性别、语言和宗教方面的社会问题。参与多元文化学习社区项目的教师、助教和其他人员会根据学生的需要来调整社区的课程设置，更好地帮助学生们处理社区生活中遇到的各种问题。在春季学期和秋季学期中多元文化学习社区要组织研讨会，欢迎参与学习社区的学生和其他同学参加研讨会。秋季学期的研讨会向学生们介绍有关多元文化教育的基本知识，如专业术语、多元文化教育的历史和理论，种族、阶层和性别问题对学校教育的影响等。在春季学期的研讨会中关注个体对问题的思考和社会行动力的议题。多元文化学习社区同时为授课教师将多元文化教育思想和理论付诸实践提供了机会。

格兰特一手创办了威斯康星大学麦迪逊分校的多元文化学习社区项目和学习研讨会，自 2001 年试行已经历了十多年的时间，越来越多的学生和教师参与到活动中来，这种多元文化教育的实践模式也广泛地得到了认可。但是格兰特认为，作为多元文化教育的一种实践模式，多元文化学习社区还存在很多需要完善和改进的地方。同时，也引发了格兰特对这种实践模式所发挥作用的思考，参与多元文化学习社区的学生是否倾向于推进多元文化教育的发展，这种实践模式是否可以被复制。另外，曾经生活在多元文化学习社区的学生是不是会成为推动多元文化教育发展的因素之一，他们是否能足够影响到他们周边没有参加学习的同学对于多元文化主义的接受程度等都是需要深入探讨的问题。

第四节　社会正义教育与人权问题

社会正义问题是多元文化教育研究领域一个重要的议题，格兰特对于社会正义问题的研究涉及了很多的维度，如从社会正义的角度对教师教育问题进行探讨，对少数族裔受教育权利问题的研究等。所有的这些研究都是围绕着社会正义这一核心理念，尽管格兰特对社会正义问题的研究所涉范围较为广泛，但是他认为从人权问题的角度探讨社会正义是最具有代表性的。对人类基本权利的肯定是追求社会正义最具有实效性的方式，同时也是维护人类尊严的最基本的标准，对人类权利的认可是推动社会正义的必然趋势。①

一、联合国提出人权问题的历史背景

20 世纪前半叶，世界性的不公正、敌对情绪和经济的大萧条冲击着每一个国家，面对这样浑沌的状态，世界各国都希望联合国能够出台一系列以社会正义为核心理念的国际性法典来规范世界秩序。在各国的呼吁之下终于在第二次世界大战胜利后由 51 个国家共同签署了联合国宪章。联合国宪章主要有四个目标，即：维护国际和平与安全；发展国家间友好关系；协助解决国际问题和促进尊重人权；成为协调各国行动的中心。联合国对人权问题非常重视，《防止和惩治种族灭绝国际公约》作为联合国第一个有关人权问题的国际公约，以及随后签署的《纽伦堡原则》都明确回应了如何看待对人类的非正义行径。

① Carl A. Grant & Melissa L. Gibson. These are revolutionary times: Human rights, social justice, and popular protest. In T. Chapman & N. Hobbel (Eds.). *The practice of freedom: Social justice pedagogy*. New York: Routledge, 2010, PP. 9 ~ 35.

1946 年 1 月在联合国的第一次例会中成立了人权委员会，人权委员会最主要的责任是起草国际性权利法案——《世界人权宣言》。

《世界人权宣言》的起草过程中受到来自各方势力集团和核心国家的影响，其中美国前总统富兰克林·罗斯福有关“四个自由”的演讲被普遍认为确立了宣言的基本框架，对推动宣言的起草发挥了巨大的作用。第一是言论自由——在全世界任何地方发表言论和表达意见的自由；第二是宗教信仰自由——在全世界任何地方人人都拥有以自己的方式崇拜上帝的自由；第三是物质自由——在世界范围来讲就是一种经济上的融洽关系，它将保证全世界每一个国家的居民都过上健全而和平的生活；第四是免于恐惧的自由——这种自由就是在世界范围内的裁减军备，要以一种彻底的方法把军备裁减到世界上没有一个国家有能力向全世界任何地区的任何邻国进行武力侵略。①

联合国人权委员会早期的工作主要将反对种族歧视作为对人权问题进行定义的核心内容。对于反对种族大屠杀，联合国所持有的这种态度非常明确，同时对于将反对种族歧视作为人权委员会重要工作职责也普遍受到了其他联合国成员国的支持。在他们看来，人权问题有关社会正义，就是要挑战不平等的阶级特权，增加弱势群体的话语权，努力消除由贫困、歧视和侵略引发的矛盾。

为了维护社会正义，《世界人权宣言》中明确了两方面的权利，公民的政治权利和社会、经济、文化权利，同时作为对罗斯福的“四个自由”的回应，提出了“言论自由、信仰自由、物质自由和免于恐惧的自由是普通人的最高愿望”②。再者，《世界人权宣言》重申所有人都是平等的，都拥有自我决定的权利，反对专制统治、压迫和剥削。所有人无论种族、国家、信仰、性别、年龄、宗教或是其他身份特征，都有权利对受到的非正义的、不规范的行径及受

---

① A. J. Hobbins. Eleanor Roosevelt, John Humphrey, and the Canadian opposition to the Universal Declaration of Human Rights: Looking back on the 50th anniversary of UNDHR. *International Journal*, 53, 1998, PP. 325 ~ 342.

② Grant 转引自 UN, 1948, Pramble。

到的压迫进行反抗。《世界人权宣言》中宣告奴隶制度、严刑逼供、非法拘留扣押和干涉私人事务是违法的行为。法律之前人人平等，人人都有权利受到法律的保护，在证明有罪之前人人都是清白的，并有权利得到公正的审判。并重申了人人拥有在本国内迁徙、定居及言论、宗教、思想和观点自由的权利。《世界人权宣言》中对人人有权享有庇护以免受迫害的权利、人人有权享有国籍、人人有权婚嫁和成立家庭、拥有私人财产、改变宗教信仰、参与政府公务、享有社会保障、选择工作、享有同工同酬、组织和加入社会团体、享有休息和休闲、维持社会福利所需的生活水准（包括食物、衣着、住房、医疗）、享有免费的义务教育权利，同时教育的目的在于发展人的个性并加强对人权的尊重。此外，人人享有自由参加社会文化生活和享有和平的国际环境的权利。为了保护这些权利，任何政府都应实现最低限度的社会、政治和经济上的平等。

虽然《世界人权宣言》以美国的独立宣言为版本，但是在国家应承担的相应责任方面超越了独立宣言所涉范围。较之西方国家传统的人权宣言，《世界人权宣言》对人权所涉范围更是扩展了许多。如西方国家传统的人权宣言仅仅认可个体所享有的自由的权利，但是《世界人权宣言》所涉的个体权利包括经济计划、自我防卫和个体发展的权利。《世界人权宣言》是联合国制定的第一份系统的纲领性人权文件，虽然由于当时各国持有不同的人权观及不同的历史文化背景，在制定的过程当中充斥着分歧和斗争，但是最终在人权委员会的努力下，《世界人权宣言》得以诞生。

二、美国人权问题与民权运动

人权问题在世界各国受到重视的同时，在美国也成为民权运动的重要工具。第二次世界大战结束后不久，由沃尔特·怀特（Walter White）担任主任的（美国）全国有色人种协进会（National Association for the Advancement of Colored People，NAACP），秉承杜波依斯（W. E. B. Du Bois）所倡导的非裔美国人只有奋起反抗，才能实现社会变革并获得平等的理念，将非裔美国人在美国国内争取平等与正义的运动融入世界范围内的反对帝国主义争取人权的斗争之中。怀特认为，罗斯福提出的“四个自由”为非裔美国人编织了一个人人平等的美好梦想，但是现实中黑人仍然遭受着不平等待遇，受到歧视，而白人依旧享有特权。罗斯福提出的“四个自由”在实质上已经超出了人权所明确规定的公民权利，人权赋予人人享有平等和生活工作的权利，也享有以教育促进公民意识和实现自我、享有医疗保障、自由迁徙、选择居住地、享有有尊严的生活及婚姻自由的权利。

格兰特指出，在《世界人权宣言》起草过程中，所使用的那些用以展示人类权利的语言与美国社会中存在的歧视性做法形成了鲜明的对比，美国人民会因为政府的这种言行不一而感到羞愧。在《世界人权宣言》的起草过程中，当时的两个超级大国美国和苏联使用“人权”这一词仅仅是为了吸引世界眼球。美国使用“人权”一词是为了周期性地向存在种族歧视做法的国家冠以他们新兴隔离种族政权的头衔。①

第二次世界大战后，美国社会中为争取平等而进行的一系列斗争是与人权宣言所确定的基本框架分不开的。格兰特指出，第二次世界大战后美国的黑人退伍军人进行的“胜利在家，胜利在海外”的“双V”运动（Double V），将在美国国内为争取非裔美国人的平等权利的斗争与欧洲大陆争取正义与民主的运动相联系，他们请求获得国际社会的支持。同时美国全国有色人种协进会质疑英国传记作家、历史学家、政治家温斯顿·丘吉尔（Winston Churchill）所声称的，《大西洋宪章》中所提到自由是白人所享有的，以此为前提条件才可以要求在联合国的谈判桌上进行商讨。非裔美国人的领袖们用“人权”一词来挑战杜鲁门总统所谓非裔美国人想要争取的是“正义而非社会平等”的信念。

---

① A. Carl Grant & M. Gibson. The path of social justice: A Human Rights History of Social Justice Education. *Equity & Excellence in Education*, Vol. 46, No. 1, 2013, PP. 81 ~ 99.

非裔美国人组织曾组织过三次上书联合国的行动，希望联合国能够干预美国国内针对侵犯非裔美国人人权的问题。1946 年，（美国）全国黑人大会（National Negro Congress）上书联合国，为了美国 1300 万名被压迫的黑人的利益，希望联合国能够干预美国黑人的人权问题。1947 年，（美国）全国有色人种协进会向联合国请愿，呼吁全世界关注美国有色人群的人权问题。针对种族灭绝的罪行，美国民权保障大会于 1951 年向联合国提交请愿书。非裔美国人组织的这三次请愿的目的是要将美国黑人在国内争取种族正义与平等的斗争提升到大的国际背景之下，这是因为如果美国国内有关非裔美国人的人权问题受到国际社会的关注，将会迫使美国政府采取大规模的行动改善非裔美国人受歧视的现状。尽管这三次请愿活动都没能促使联合国介入美国的人权问题，但是却成功地向全世界宣告了美国有色人种的公民权利和人权受到了侵犯。美国民权运动的发展是在《世界人权宣言》对人的基本权利确定的基础上结合美国的现实情况而产生的，并由此而引发了一系列的抗议活动。尽管美国的民权运动没能实现《世界人权宣言》所规定的所有人应享有平等的权利的愿望，但是民权运动使美国政府所做出的一系列为改变有色人种的公民基本权利的改革却是意义非凡。

三、发展教育是解决人权问题的重要途径

《世界人权宣言》保证了所有人的受教育权利，然而早期的草案中对教育权利的规定仅仅限定在义务教育阶段免费享有受教育的权利，但是在最终的版本中为教育对人权的尊重赋予了更为重要的角色。联合国宪章的序言中曾提到过教育是作为对人权尊重的主要手段之一——“对人权的普遍认可……应该通过教学和教育（过程）来促进对权利和自由的尊重”①。联合国教科文组织的

① Grant 转引自 UN，1948，Pramble。

相关草案中也认为，唯有通过教育才能更好地培养人权意识。联合国教科文组织不仅在理论上肯定了教育在对人权的尊重与认可方面所发挥的重要作用，同时也进行了一系列的调查研究来进一步阐述教育在增进人与人之间的相互理解中所发挥的重要作用。

通过发展教育解决人权问题已得到了世界各国和相关国际组织的普遍认可，但是哪一种教育模式能够更好地解决这个问题再次成为学者们关注的重要问题之一。格兰特指出，社会正义教育是连接人权、社会正义与教育问题的有效途径，也可以被理解为《世界人权宣言》所倡导的实现全球正义和人类尊严的一种美好愿景。[①] 社会正义教育的理论基础来源于罗尔斯的分配正义论，以及知名女性主义学者南茜·弗雷泽（Nancy Fraser）的政治再分配和政治认可的二元论。正义并不简单地意味着社会资源的再分配，而是对不同观点和经历的接纳与承认，也是对有关经济权利、政治权利和社会多样性的深入探讨。

格兰特指出，社会正义教育是为自由而教，通过促进实现人的基本权利而推动的一场社会变革。他借用 Ayers 有关社会正义教育的观点，即“教学就是为社会正义而教，激发并鼓励学生们去全面地认识人性和了解获取自由所要受到的阻碍，同时要致力于消除这些阻碍。因此为了社会的正义教师所应持有的基本信念就是：你可以改变世界”[②]。社会正义教育就是要通过对不同文化的包容来促进文化的多样性发展，从而挑战文化专制主义和不平等的阶级特权，谴责物质分配的不公平，并帮助学生掌握成为民主社会公民所必需的技能，可以说社会正义教育是一项持续性的工作，是为全世界人类争取基本权利而进行的努力。联合国宪章也指出，社会正义教育是要促进“人的全面发展”，消除对人权的侵犯和社会上的不公正。

---

① Carl A. Grant & Melissa L. Gibson. These are revolutionary times: Human rights, social justice, and popular protest. In T. Chapman & N. Hobbel (Eds.). *The practice of freedom: Social justice pedagogy*. New York: Routledge, 2010, PP. 9~35.

② W. Ayers. Foreword. In W. Ayers, J. Hunt, & T. Quinn. *Teaching for social justice: A democracy and education reader*. New York: Teachers College Press. 1998, PP. xvii - xxx.

将对社会正义教育的理解置身于人权问题的背景之下，我们可以认为社会正义教育也是人权教育。格兰特指出，社会正义教育与人权教育有着共同的使命，并且都采用了相同的教育学理论作为理论基础。最重要的，他们挑战了21世纪对教育作用认识的普遍观点，即教育服务于全球资本。同时我们也应该认识到人权是社会正义问题中最基本和最核心的内容，如果学生认同人权和社会正义的基本观点，那么教授有关社会正义和人权问题的内容则是任何一个教育体系都必须要完成的内容。

第五章　评价与启示

本书的前四章通过对格兰特的学术思想和人生经历进行较为全面、深入的研究，将其学术研究同他的生活背景、求学及工作的经历紧密结合，并通过分析、解读格兰特的主要学术成果，梳理并归纳出其主要学术观点。为帮助读者更为全面地了解格兰特多元文化教育思想的真谛，本章将进一步总结其多元文化教育思想的理论来源及研究的主要特征。通过对格兰特的多元文化教育思想进行批判性的解读，尝试探索适合中国多元文化教育发展的新模式，为中国多元文化教育课程的设计、民族教育问题、弱势群体教育问题提供可以借鉴的经验。

第一节　对格兰特多元文化教育研究的评价

随着对格兰特多元文化教育思想研究的深入，我们也逐渐发现很难在理论层面形成一个较为明晰的线索，但是我们仍然可以看出格兰特秉承美国进步主义和民主主义教育的文化传统，通过融合现象社会学、知识社会学、批判主义与后现代主义的相关理论，结合多元文化教育的实践，为在实践中践行多元文化教育理念的教育工作者和进行多元文化教育改革的学校提供了直接的规范性的引导。

一、格兰特多元文化教育研究的理论来源

从格兰特早期的作品中可以发现批判主义色彩，但是随着其研究突破了群体性局限后，便难看到明显的批判主义的色彩，更多的则是对美国现有教育体制改革的思考，因而格兰特更具有改革派的特点（但他否认自己是彻底的革命派）。在谈到其多元文化教育的理论来源时，格兰特并没有给出明确的回答，而认为他的研究虽然借鉴了很多学派的研究成果，但是又不限于将某一学派作为其研究基础。[①] 尽管无法从格兰特对自己研究的理论基础上给我们一个较为明晰的线索，但是这并不妨碍我们通过他的作品发掘其研究的理论来源。

（一）社会现象学与知识社会学

格兰特早期的研究主要基于社会学的研究方法，社会学的方法论和思维方式一直在他研究中发挥着重要的作用。他的博士学位论文就是用社会学的研究方法和分析方法，对黑人学生的自我概念、成绩和出勤率与课程教材的相关性进行实证研究，而在格兰特随后的大量研究也极为推崇社会学的研究方法。

现象社会学是 20 世纪 60 年代后在美国兴起的一种社会学理论，它植根于社会现象，强调关注社会现象的意义和特征。格兰特生活的年代虽然已经废除了种族隔离制度，但是黑人仍未得到平等的对待，特别是在教育资源的分配方面，黑人学生所享有的教育资源很有限。同时，社会中对黑人学生存在的固有偏见极大地影响了黑人学生的发展。格兰特由一名普通的小学教师成长为知名的学者，在他生活和工作的过程中，亲身经历的种种不平等现象促使他从事有关族群方面的研究。随着研究的深入，格兰特突破了族群限制将研究对象扩展到其他的边缘群体，探究社会不公平现象背后的本质因素，而这成为其进行多

① 根据 2013 年 4 月 25 日对格兰特的访谈记录。

元文化教育研究的原动力。格兰特早期的研究也正是印证了舒茨所界定的社会现象学的任务——“重新建构人们在日常生活中诠释自己世界的方式”，通过多元文化教育研究对自己所处的社会环境及社会现象进行重构性解释，而且是结合教育学、人类学的相关知识进行科学的阐述与解释，从而逐步形成自己的特点。

格兰特指出，多元文化教育主张知识的建构不具有客观性和中立性，而是构建于一定的权威之下，这与社会学家舍勒对知识或思想与社会之间的关系的观点相近。舍勒认为知识或思想都是社会生活的产物，要研究它的产生和发展，就应该剖析它与社会群体之间的联系，说明何种社会群体产生何种思想、某种思想为什么得以发展。由此显见，格兰特对知识的分析是建立在一种知识的社会构建基础之上，知识或思想的产生不是简单的客观存在，而是具有一定的社会性。秉承这一理念，可以得出知识的学习过程也不是简单的接受或是复制的过程，而是受到知识或思想以外的其他社会文化因素，包括阶级、社会地位、职业群体、代际关系、生产方式、权力结构、历史情境、竞争、冲突、流动，以及价值观、世界观、社会思潮、时代精神、民族精神、文化心理等的影响。这也是格兰特所认为的多元文化教育研究对教育理论发展的重要贡献之一。

（二）批判主义与后现代主义哲学

格兰特自20世纪70年代博士毕业后，一直留在威斯康星大学麦迪逊分校课程与教学系任教，课程与教学系集中了一批以批判主义教育和后现代主义教育而闻名的现代教育学者。尽管格兰特并不认可其研究中受到后现代主义或是批判主义理论的影响，在他的作品中也没有提到后现代的问题，但是他曾多次引用后现代主义学者托马斯·波克威兹的理论（私下里格兰特与托马斯·波克威兹的私人关系非常之好，二人经常在一起探讨生活与学术问题），而且对于西方经验主义与传统学术知识的结构问题上他的观点又与后现代主义的理论不谋而合。因此，格兰特尽管否认，但是也很难撇清其与后现代主义的关系。

对待批判主义格兰特并没有像对待后现代主义那样较为明确地将自己与之隔离开来。他没有正面回答过对于批评主义的态度，特别是对批判教育理论。但是从其作品中不难看出所带有的批判主义色彩，特别是在早期的研究中，对美国教育体系存在的种族主义倾向的批驳。

无论是批判主义教育观还是后现代主义教育理念，在美国的教育领域都引起过广泛的争论，作为身处其中的教育改革的倡导者，格兰特不可能置身于时代潮流之外，在他的研究中必然会汲取其中有益之处。更何况作为被视为社会边缘群体的非裔美国人，在亲历了社会中存在的种族歧视之后，用批判主义和后现代主义的理论视角审视现有的社会制度，特别是教育领域中的不平等现象，也是无可厚非的，而这必然会在一段时间内影响其研究成果。作为一种研究过程的客观规律，所有的研究者都是在经历了各种思潮和主义的冲击后沉淀出自己的研究理论，批判主义和后现代主义在格兰特多元文化教育研究中所充当的正是这样一种角色。

（三）进步主义教育的文化传统

经历了南北战争的洗礼后，美国的政治经济发展全面复苏，教育进入了蓬勃发展期，但是各种教育难题也纷纷涌现，随之而来的则是一场轰轰烈烈的教育改革，在美国教育史上称为“进步运动”，进步运动所倡导的教育理念后人称为“进步主义教育”。纵观美国进步主义教育的发展，我们不难发现民主与教育的关系问题是进步主义教育中最重要的问题。被美国进步主义教育运动的精神领袖杜威誉为“进步教育运动之父”的 F. 帕克的重要观点是关于民主社会的理想。F. 帕克指出：“人类生活的目标是自由，而民主政府乃是唯一能使人运用自由的政治制度。为达到这种理想，学校必当成为社会的雏形。”在 F. 帕克看来，公共教育就是国家的奠基石，学校可以消除种族偏见和宣扬在新国家中的国民团结。[①] 杜威在《民主主义与教育》一书中写道："民主政治热心教育，这是众所周知的事实。根据表面的解释，一个民主的政府，除非选举人和受统治的人都受过教育，不然是不能获得胜利的。民主的社会既然否定外部权威的原则，就必须用自愿的倾向和兴趣来替代，而自愿的倾向和兴趣唯有通过教育才能形成……这样的社会必须教育它的成员发展个人的首创精神和适应能力。否则，他们将被突然遇到的种种变化所迷惑，看不出这些变化的意义或关联。"[②]

尽管美国进步主义教育以进步教育协会的解散而宣告终结，但是进步主义教育思想的影响却渗入美国教育的各个领域。格兰特多元文化教育研究秉持来自不同种族、社会阶层和不同性别的学生都有权利享有平等的受教育机会，并由此引申到对人权问题的研究。这些都是基于民主社会应该赋予全体公民享有的平等权利。同时，格兰特提倡来自不同文化背景的学生和教职人员参与学校的管理和规章制度的制定之中，也体现了多元文化教育思想中所蕴含的民主主义教育理念。

进步主义教育的文化传统对格兰特的影响还体现在其教师教育理念之中。格兰特认为教师应当学习一些教学技巧来调动学生积极性，改变学生在课堂中被动学习的地位，从而激发学生主动学习的意愿。这与进步主义教育强调的课堂教学中学生占主体地位的观点不谋而合。进步主义教育倡导学校课程与社会实践活动相联系，格兰特的多元文化教育研究则提倡教师对教学内容的选择上要考虑到学生的社会背景和不同的文化传统，两者殊途同归。

格兰特的多元文化教育研究从早期带有明显的批判主义色彩逐步转为革新性的多元文化教育研究，笔者认为原因在于其研究视野突破了单一群体的局限，扩展到多元群体，研究角度从单纯的种族问题延伸到社会正义问题，是一

---

① 转引自滕大春：《美国教育史》，582页，北京，人民教育出版社，2001。

② ［美］杜威：《民主主义与教育》，王承绪译，97页，北京，人民教育出版社，2001。

个由学者成长为学术大师的转变过程。格兰特对多元文化教育的研究最终冲破了国界的限制，关注于世界多元文化教育的研究。格兰特始终秉持平等与正义的原则，鼓励教育者和受教育者通过教育来追求并实现社会正义，几十年来对多元文化教育所进行的研究建立在对民主、公平和社会正义理想的追求之中，尽管已经 80 岁的高龄，但是仍然没有放弃自己的理想，在追求社会正义与人人平等的道路上贡献着他的智慧和力量。

二、格兰特多元文化教育研究的特征

格兰特是当代美国多元文化教育的倡导者，是重要的多元文化教育与教师教育的专家，在他的研究中我们很难看到那些高深的需要读者深思的理论，更多的是用读者能够理解的语言描述对教育问题的看法。格兰特自己也曾坦言，他的研究所要追求的是所有的人都能理解他要表述的问题，并且将他的研究成果直接运用于实践。格兰特与大多数从事多元文化教育研究的学者相似，以研究美国种族问题的历史与教育发展为基础，随后开始涉足多元文化教育领域的研究并最终将此作为付出毕生心血进行研究的领域。

格兰特对多元文化教育的研究带有明显的实践性取向，他从实践性出发确立了多元文化教育的目标，构建出多元文化教育的五种课程模式：特殊性与文化差异模式、人际关系模式、单一群体研究模式、多元文化教育模式、多元化社会正义模式。① 特殊性与文化差异模式和单一群体研究模式基于平等的价值观和以学习者为中心的民主目标，通过学校教育促进民主社会的发展。人际关系模式是为了增进不同群体间的了解，保持社会的凝聚力，同时也是为了帮助来自不同文化背景的学生在未来的社会生活中保持他们的文化特征与族群认

① 笔者在这里采用的格兰特和 C. 史利特在《多元文化教育选择：种族、阶级与性别的五种方法》第六版中的提法。

同。对于这三种课程模式教学策略的选择，格兰特非常推崇合作学习法。这种有意识地增加学生间彼此了解的方式，不仅能够调动学生学习的主动性，也能在学习的过程中充分发挥学生的主体能动性。而后两种课程模式所体现的理念是国家意识、社会正义和人权问题。特别是在几经修订后将第五种课程模式“社会重建模式”重新定义为“多元化社会正义模式”，更是将多元文化教育的课程模式上升到一个新的高度，规避了直接解决种族、社会阶层和性别等影响社会正义的问题，帮助学生建立一种重建社会的意识，从而促进现有社会向着符合所有群体利益的方向发展。格兰特指出：“这个取向的提倡者并不会大声明确地描绘理想社会的一个特定想象，而是主张资源应该可以比现在更公平的分配，人们不应执着于被认为‘正常’或‘正确’的模式，这样才能享有财富、权力、快乐与尊重的公平分享。”① 这个模式着重强调用政治化的思维来进行教学，帮助学生树立挑战各种霸权的意识，最终促使弱势群体获得应该享受的公民权利，实现社会的公平与正义。

通过对格兰特的多元文化教育思想的研究可以发现，他不是系统深邃的理论家，但这并不妨碍他成为多元文化教育研究领域的学术大家。他更愿意用多元文化教育研究领域的实践家来形容自己多年来在这个领域的工作。他用自己的研究成果为在实践中践行多元文化教育理念的教育工作者和进行多元文化教育改革的学校提供了直接的规范性的引导。虽然格兰特对多元文化教育的研究没有高深的理论，但是其实践性的研究成果对美国多元文化教育的发展具有非常大的实用性。作为非裔学者，格兰特自身的成长经历使他能够直接地观察到非裔美国人和其他边缘群体在美国社会的生活状况。而多年的执教经验又使他观察到非裔美国学生与白人学生在学业成就上的差异主要源于社会的偏见。因此格兰特所构建的多元文化教育的理念以解放被压迫族群为前提，以认同和接

① Christine E. Sleeter & Carl A. Grant. *Turning on learning: five approaches for multicultural teaching plans for race, class, gender, and disability*. Wiley, 1999。中译版见朱姝博士学位论文。

纳文化的多样性为理论基础，从而构建了以实用性和适应性为主要特征的多元文化教育研究理论。

第二节 格兰特多元文化教育思想的启示

格兰特对多元文化教育的研究基于美国的社会背景和文化传统之下，我们当然不能简单地照搬他的研究成果应用到中国的教育研究之中。但反思格兰特的多元文化教育思想，对中国多元文化的发展有着重要意义，特别是对国内从事多元文化教育的学者在研究内容、研究方向及研究方法方面具有的借鉴意义更值得我们深思。作为从事多元文化教育研究的学者，首先应该更多地从文化层面关注不同文化背景的学生发展，呼吁通过学校教育构建具有文化多样性的课程体系；其次应该在教育实践中帮助非主流文化群体的学生既保持其族群原有文化及他们的文化认同感，又要培养他们跨文化的适应能力；再次是研究者应该注重从史学的角度追溯当前教育中存在的问题，以史为鉴，了解教育发展的过程与得失，通过以往的教育历史来判断发展变化，把握发展规律。格兰特的多元文化教育研究就是以其多年从事基础教育积累的实践经验为基础，探索出自己的一套多元文化教育的理论。最后是对于从事多元文化教育研究的学者来说，具有实践教学经验或是通过田野调查收集第一手的资料是非常重要的，以实践为基础的研究理论才最具有适用性，才能够真正指导教育实践。

格兰特多元文化教育思想不仅从微观层面给教育研究者带来了启示，而且在宏观层面对中国发展多元文化教育也有一定的启示作用，首先我们需要厘清的是多元文化教育在中国的发展、存在问题。

一、多元文化教育在中国

多元文化教育最早产生于欧美，后期是美国的多元文化教育运动推动了世界各国多元文化教育的发展。20 世纪 90 年代初期，中国一批率先踏出国门接触欧美多元文化教育的学者将多元文化教育的理念带回国内，并结合国情提出的具有中国特色的多元文化教育理念。中央民族大学滕星教授就是其中之一。他提出的“多元文化整合教育理论”也称“多元一体化教育理论”，为解决民族教育与多元文化教育本土化的冲突奠定了坚实的理论基础。该理论认为：“一个多民族国家的教育在担负人类共同文化成果传递功能的同时，不仅要担负起传递本国主体民族优秀传统文化的功能，同时也要担负起传递本国各少数民族优秀传统文化的功能。”[①] 多元文化整合教育的内容，除了主体民族文化外，还要含有少数民族文化的内容。一方面，少数民族群体不但要学习本民族的优秀传统文化，还需学习主体民族的文化，以提高少数民族年轻一代适应主流文化社会的能力，求得个人最大限度的发展。另一方面，主体民族成员除了学习本民族文化外，还要适当地学习和了解少数民族的优秀传统文化，以增强民族平等和民族大家庭的意识。这是欧美多元文化教育中国化最具有代表性的理论，得到了学术界的广泛认可并被认为是解决中国民族教育发展问题的合理模式。尽管已有学者对多元文化教育中国化的问题进行过深入的探讨，但是我们还是需要厘清以下三个问题。

（一）中美多元文化教育的异同

在中国，多元文化教育主要被称为多民族文化教育或少数民族教育，主要

① 哈经雄、滕星：《民族教育学通论》，580 页，北京，教育科学出版社，2001。

是从文化背景的大视角来研究民族教育的有关问题。[①] 由此可见，中国的多民族文化教育与美国的多元文化教育是具有可比之处的。美国的多元文化教育强调保持和发展少数族裔的文化，着力反映种族的多样性和不同群体间的平等性。这是与美国种族问题的历史与社会背景相关的。美国多元文化教育的重要推动力是影响美国当代社会发展的民权运动，主要是以非裔美国人为主要力量的少数族裔群体要求废除种族歧视，追求公民权利从而实现社会的正义和公平而来。美国多元文化教育的发展是民权运动在教育领域推动教育改革的表现之一。相比于美国多元文化教育的发展，中国的多民族文化教育更偏重于以促进少数民族的生存与发展为基本目标，同时致力于扭转民族地区的经济发展状况，提高少数民族群众的生活水平。在中国，少数民族教育源于我们国家有史以来就是一个多民族、多文化的大背景，特别是中华人民共和国成立后为了改变各少数民族在政治、经济、文化教育上相对落后的面貌，国家实施的一系列“优先发展、重点扶持”的民族政策，中国的民族教育进入蓬勃发展的时期。因而中国的少数民族教育并不是发生民族复兴争取平等权利的背景之下，在政治权利上中国各民族享有平等参与国家社会管理的权利，同时主体民族对于少数民族也不存在歧视和偏见，整体的社会政治环境对于所有公民都是公平而平等的。

中美多元文化教育的相通之处是两者都以少数族裔为主要教育对象，以文化教育为主要内容。中美多元文化教育持有相同的教育理念，即帮助少数民族学生加强对本民族文化的自我认同，同时要了解主流文化的价值与理念；在发展模式上都是在汲取传统民族文化教育内容的基础上结合现代教育的发展模式，使无论是来自少数民族的学生还是主流文化群体的学生都能通过学校教育了解彼此的文化传统，并尊重彼此的文化和价值理念。另外，中国的民族教育也汲取了美国多元文化教育发展模式中的一些理念，如针对民族地区学生制定

---

① 哈经雄、滕星：《民族教育学通论》，576 页，北京，教育科学出版社，2001。

的带有“补偿”性质的优惠政策等；在发展主题上都以承认文化的多样性和差异性、促进多元文化与跨文化教育为主。

（二）多元文化教育理论在中国的契合度

多元文化教育的概念及相关理念由西方国家传入中国，其所倡导的教育理念受到了国内学者的认可，并结合国内教育发展的实践探索出了具有中国特色的多元文化教育理论。在具体的实践方面，中国的少数民族教育以马克思主义的民族观为指导思想，提倡以下主要观点：一是民族是一个历史范畴。二是民族问题是社会发展总问题的一部分。民族平等不仅仅是文化平等，还包括政治平等、法律平等、经济效益平等、语言文字平等、风俗信仰平等许多方面。三是民族问题与阶级问题既有联系又有区别。四是国际主义是马克思民族主义的核心内容。五是坚持民族自治原则，坚持各民族平等、团结和共同繁荣原则。[①]在全国实施标准化教育模式的前提下，针对某些民族地区对少数民族实行具有民族特色的传统文化教育。但是在针对性别、社会阶层、残障群体及其他社会边缘群体所应实施的教育却没有纳入中国现有的多元文化教育的框架之中，这也是中国多元文化教育实践中的缺失。

中国民族教育实践秉承了多元文化教育理论倡导的对文化的多样性与差异性尊重，并注重对少数民族文化的尊重和培养少数民族学生的自我认同感。多元文化教育所倡导的教育理念对中国民族教育的发展是非常有意义的，同时国家在制定少数民族教育法规及政策上都体现了多元文化教育的理念，特别是针对中国实行的国家统一的课程计划、教学大纲和教材中增加了民族文化传统知识，注重体现民族文化的特点。从民族教育层面看多元文化教育在中国的发展，无论是在教育理论还是教育实践都取得了很大的进步，但是对于多元文化教育所涉及的其他社会群体的教育还需要予以重点关注。随着社会经济的发

① 罗树杰：《马克思主义民族观简论》，载《民族研究》，1996（7）。

展，边缘群体的受教育问题愈显突出，如进城务工人员随迁子女受教育问题、留守儿童教育问题、女童教育问题等越来越多地受到社会的关注，在一定程度上也显示了主流社会群体与弱势群体在价值观和文化观念上的冲突。多元文化教育所倡导的理念和实践模式为解决这些突出的教育问题提供了一个有效的途径，也符合现代化社会发展的需要。

（三）中国多元文化教育的问题

自20世纪70年代末，中国确立了以经济建设为中心的发展战略，经过四十多年的努力，无论是国家的综合实力还是人民的生活水平都有了很大的提高，但是随之而来的一些社会问题也愈显突出，如城乡二元结构趋势明显、地区间的发展不平衡、社会资源分配不均和贫富差距等问题，使得各种社会文化与价值观都产生了巨大的变化。由国家统一设定的课程内容造成了教育与现实社会的隔阂，给来自弱势群体的学生带来了心理发展的不适应甚至冲突，主流社会群体的学生则因为缺少对亚文化的了解而无法给予其他群体足够的尊重与认可，长此以往，将会导致由单纯的教育问题而引发社会问题，甚至会造成社会矛盾的激化。

基础教育阶段的课程内容中有关多元文化内容的缺失已引起了学者的广泛关注，少数民族地区也已结合各地实际开展了有关多元文化方面的教育，但是在高等教育阶段，有关多元文化教育的内容还只停留在理论研究阶段，甚至还没有引起学术界的足够重视，因此还需要进一步在高等教育阶段推动多元文化教育的实施。

此外，在中国国内以高考制度为代表的标准化测试中缺少对少数民族传统文化、乡土知识、性别及宗教知识的考察，这就致使现有教育体系中特别是基础教育阶段推行多元文化教育缺乏有力的导向。目前在以升学为主要目标的应试教育体制下，学校教育在组织有关多元文化教育方面教学的积极性受到了严重削弱，师生间进行多元文化的教与学的热情也无法得到有效的调动。

在中国目前课程设置主要以国家、地方教育主管部门为主导，学校具有一定范围内的自主权，即由国家教育主管部门统一制定的教学内容和课程大纲、民族地区统整课程和校本课程构成。最能体现多元文化教育特征的课程是民族地区统整课程，主要采取双语授课教学模式。民族地区统整课程主要反映民族地区的历史、地理、文化、艺术等。校本课程主要体现民族学校的民族乡土课程及其教材，是对民族地区课程的进一步补充。但是在地方和校本课程的开发与实施中依然存在问题，多元文化教育理念体现得不够充分，同时也缺乏自身的特色。

当前，基础教育阶段的教学内容还是以社会主流群体的文化为核心，在课程的设置上忽视对民族传统文化的传承，近乎脱离了少数民族社会和少数民族学生发展的特点。中国以民族教育为主要形式的多元文化教育无法形成自身的特色，同时在培养少数民族学生民族自尊心、自信心和自豪感方面缺少完备的教学体系作为支撑，也有悖于教育公平的宗旨。总体而言，多元文化教育实践在中国的实施不仅需要与中国的历史背景及社会发展现实相结合，同时也需要相关的法规作为支撑，这样才能有效地推行多元文化教育。

二、对民族教育发展的启示

中国颁布的《国家中长期教育发展规划纲要》中强调："加快民族教育事业发展，对推动少数民族和民族地区经济社会发展，促进各民族共同团结奋斗、共同繁荣发展，具有重大而深远的意义。"但是在如何促进民族教育发展方面则主要强调，通过政策倾斜和调节公共教育资源配置来全面提高少数民族地区教育发展水平，而这却忽视了民族教育所应体现的文化传承的作用。特别是目前基础教育阶段所使用的国家统整课程，在内容设定上以主流文化为主，对于其他民族的传统文化介绍的非常有限。地区统整教材和校本（乡土）教材在开发与编写过程中缺少系统的指导，而无法满足提高对少数民族文化的认同与传承方面的需求。国家制定的民族教育发展战略中忽视了文化因素对民族教育的影响，将会导致民族教育发展方向的偏离。

格兰特指出多元文化教育的目的：一方面是要帮助少数群体成员提高适应主流社会的能力，以实现个人价值的最大化；另一方面是要促进主流文化群体对少数群体文化的了解，同时要尊重和认同少数群体的文化。格兰特所阐述的多元文化教育对于民族教育发展的启示体现在民族教育开展的对象上。以往提到民族教育，首先想到的是针对少数民族学生所开展的教育实践活动，而忽视了作为主体民族的学生同样应该成为民族教育实施的对象。中国是一个多民族国家，汉族作为人数最多的民族，其文化一直居于主流地位，在一定程度上阻碍了其他民族文化的发展，也影响了不同文化群体之间的彼此了解与学习。因此，民族教育实施的对象同样应该包括主流文化群体的学生，帮助他们适应全球化社会发展的需要。此外，中国民族教育中所倡导的民族团结教育，在内容上不仅仅要帮助学生了解中国的民族理论和民族政策、国家的相关法律法规及马克思主义国家观、民族观和宗教观，还应学习和了解各民族的优秀传统文化，在兼容并蓄中增进理论与认同。

双语教学是我国民族教育的重要组成部分，双语教学保障了少数民族学生使用本民族语言接受教育的权利。1954 年我国制定的第一部《中华人民共和国宪法》中明确规定“各民族都有使用和发展自己语言文字的自由”。这是从法律层面确保了双语教学的实施，同时中央和各级地方政府也从人、财、物等方面加强推进民族地区的双语教育。目前我国双语教学主要存在三种教学模式：少数民族语文和汉语文相结合的教学模式；以少数民族语文授课为主，加授汉语文或以汉语文授课为主，加授少数民族语文两种不同类型的教学模式；双语单文教学模式，即各门课程均以汉语文作为教学语言，在实施教学的过程中，利用少数民族语言进行辅助教学。我国在双语教学模式上已经探索出了一套适合我国民族地区教育发展的教学模式，但是由此而来的双语教学师资培养方面的问题也是需要关注的。从事双语教学的教师不仅仅是用自己掌握的两种语言来帮助学生完成课程所规定的学习内容，同时他们也扮演着文化传递者的角色。所以，在双语教师的培训中除了要求从事双语教学的教师掌握基本的教学语言和教学技能外，还需培养教师对不同文化的认同感。同时，从事双语教学的教师应该对自我有比较清晰的认识，格兰特的多元文化教师理论就强调教师应该对自我有清晰的认识，即对自我理解和自我接纳能力的认识，同时也包括如何理解人类的多样性对教学的影响。因此，在双语教师的教师教育中应增加教师自我认知能力的培养及文化包容性方面的内容。双语教师的教师教育要吸取多元文化教师教育的理念，结合本地区本民族教育发展的特点，在双语教师的培训中重视增加有关各民族传统文化的内容，充分发挥双语教师文化传承者的角色。

格兰特始终强调综合种族、社会阶层、性别等方面的因素考察对学校教育和学生发展的影响，因此民族教育的发展也不应仅就民族问题而单一地考察对学校教育的影响。民族教育的发展不但受到民族地区经济发展水平的制约，同时一些偏远地区受传统观念和宗教习俗的影响，对女性接受教育问题仍然持有偏见，这在一定程度上也成为影响民族教育发展的一个因素。随着民族地区经济的快速发展，国家间、地区间的相互合作不断增多，随之而来的世界经济、文化一体化趋势的加强，具备多元文化的知识和跨文化的技能将成为未来公民所必须具备的基本素质，相应地对民族教育的发展模式提出了更高的要求。多元文化整合教育理论将成为民族教育发展的合理趋势，在这一过程中，我们应当注意到多元文化整合教育是一个不断发展、持续的过程，它需要教育研究者的长期探索和不断完善。

三、对弱势群体教育问题的启示

格兰特指出，多元文化教育既是一个哲学概念，也是一个教育过程。之所以说多元文化教育是一个哲学意义的概念，是因为它是以自由、公平和平等为其哲学基础，同时承认人类多样性存在的价值；多元文化教育作为一种教育过程是因为它承载着满足社会不断发展的需要。由此可见，推进多元文化教育的发展，一方面体现的是通过教育实现社会的自由、公平和平等，另一方面则体现的是教育要服务于社会发展的需要。随着社会经济的高度发展而带来的各种社会问题也越来越成为引发社会矛盾的根源，而弱势群体学生的教育因成为影响一个社会群体未来发展的重要问题而引起广泛的关注。

首先我们需要厘清在教育中“弱势”的范围如何确定，它具有的基本标准和特征：一是由于经济、文化、地理等因素而导致发展严重滞后所造成的弱势；二是因社会转型、制度变迁或政策安排而被边缘化所形成的弱势；三是凭借自身能力对目前的不利困境无法摆脱而可能陷入恶性循环的弱势。① 而由他们所处“弱势”地位而带来的后代受教育问题则成为学者和各级政府关注的一个重要问题。各级政府已经在弱势群体学生的入学和升学方面出台了相应的政策来保障他们的受教育权利，但是从精神层面却缺少相应的补偿措施。因此，笔者认为应该通过发展多元文化教育来提升对弱势群体学生的关爱，使他们能够更好地融入主流社会。

格兰特一直强调多元文化教育所涉及的范围应该包括因为社会阶层、性别、身体残障等原因处于边缘群体的人群，并从文化多样性的角度出发尊重与认可他们的特有文化。从文化的层面出发，我们的社会特别是学校教育中缺少对弱势群体学生的正确引导，同时也缺乏帮助主流社会群体学生了解弱势群体文化的机会。针对我国目前教育发展的现状，弱势群体学生的数量并不占少数，但目前也不具备针对弱势群体学生开展系统化的多元文化教育的条件，我们无法实现在教材开发与编写、教学内容设计和教师培训等方面采取专门化的措施。因此，只有在现有的教育体系下对弱势群体学生开展有针对性的多元文

① 刘欣：《教育政策应进一步加强对弱势群体的补偿》，载《华中师范大学学报》（人文社会科学版），2008（6）。

化教育，帮助弱势群体的学生了解到自身的群体文化对主流社会文化乃至整个社会发展做出的巨大贡献，培养他们对自我文化的认同感，从而提升社会行动力，为建设一个更加正义、公平、民主的社会而努力。在没有系统的教学内容和课程体系的情况下，对面向弱势群体学生开展教学工作的教师提出了更高的要求，因此教师则成为针对弱势群体学生开展多元文化教育取得实效的关键所在。

面向弱势群体学生教学的教师培训：首先，需要帮助教师建立对弱势群体文化的认同感，让教师们了解到弱势群体所具有的文化特点，以及这些特点对于弱势群体人群发展所产生的正向与负向的作用；其次，要帮助教师如何将那些产生正向作用的弱势群体的文化融入教学环节之中，这需要一定的教学策略和教学技巧，因此需要由有经验的教师来讲授他们在教学过程中总结出来的经验与教训，这些对于缺少经验的年轻教师是非常有价值的；最后，教师应该学习如何在班级的管理中和班级活动中帮助学生认清自我，树立自我信念，激发他们参与班级和校内活动的兴趣，从小事开始培养他们的社会行动力。此外，教师要帮助来自不同群体的学生在学习过程中建立良好的人际关系。社会上存在着对弱势群体的某些固有偏见，这些偏见的存在会影响到学生在学校中的人际关系的形成，而容易引发对某一群体或是个体的抵制情绪，从而影响学生正确的价值观的形成。教师培训中也应涉及帮助主流社会群体的学生了解弱势群体的文化，以及对主流文化和社会发展所做出的贡献的内容，让学生们学会尊重和认可不同群体的文化，帮助他们彼此间建立起相互了解与沟通的平台，从文化上和精神上关爱弱势群体的学生，以免由此带来的负面影响而影响到弱势群体学生身心的发展。

四、对中国发展多元文化教育课程的启示

新一轮基础教育课程改革中提出的“新课程培养目标”仍没有摆脱对全国

教育发展进行分解式制定的传统框架，尚未将课程内容提升到文化的高度和全球化的视野之上。通过对中国多元文化教育现状的分析，结合格兰特的多元文化教育思想，我们可以尝试利用美国多元文化教育课程发展经验，来建构中国的多元文化教育课程体系。

（一）课程制定层面

格兰特始终强调，在学校教育中实施多元文化教育，不仅教学内容和教学方法要体现对少数群体文化传统的尊重与认可，学校管理人员也要由来自不同文化群体的人员组成，并且这些人应该拥有参与决策的权利。鉴于此，中国多元文化教育课程应由来自不同文化群体的教育专家参与制定。来自不同民族、性别、社会阶层、语言、宗教信仰、学科的学者共同参与多元文化教育课程的设计，不仅能在课程内容上增加多元文化的内容，使课程真正“多元化”，也能达到向教育者赋权的目的。多元文化教育课程制定的基本原则是尊重和认同文化的多样性，来自不同文化群体的教育专家为多元文化教育课程的设置带来了不同的专业视角，专家们通过运用跨学科的方法解释与分析不同文化经验及社会问题，从多元文化的角度来帮助学生理解不同的文化传统，使他们学会理性地分析与评价不同群体的文化，增加对不同文化传统的包容性和尊重。

多元文化教育课程制定层面另一个需要我们注意的问题是确定多元文化教育的课程理念。基于格兰特实践性的多元文化教育主张，多元文化教育的课程理念应该是着力培育具有批判性思维和行动力的社会公民。多元文化教育课程所要实现的是培养学生的公民素养，使他们具有做决定和解决社会问题的能力，具有政治效能感，并具备用批判性思维分析自己生活的能力。为了实现这个目标，多元文化教育课程的制定就要帮助学习者构建革新性的知识体系，增加学习者自我选择的权利，真正解决社会中不同文化群体间存在的问题。多元文化教育课程培养学习者政治上效能感的目的，在于使其勇于承担国家和社会赋予其的公民责任，认同正义与公平的民主社会的价值观念。通过聚集学习者所带来的政治及社会影响力，在某种程度上影响整个社会的公平与正义。多元文化教育的课程设计要为学习者提供充分的机会，一方面了解真实的社会生活，另一方面要区别各种社会知识与现实实践间的动态关系。

多元文化教育课程在制定的过程中要充分考虑到如何培养不同群体的学生对自我文化传统和其他文化的认同感，换而言之，就是要培养学生的多层次认同感。社会的发展以主流文化为核心，往往导致某些少数群体的文化被贴上了带有偏见的标签，从而导致来自少数群体的学生对自己群体文化的认识存在自卑感。多元文化教育课程就是要帮助学生加深对自我文化与历史的理解，了解主流文化的产生离不开其他少数群体文化的贡献。格兰特有关学生族群文化认知方面的理论认为，通过帮助学习者对自我概念进行反省，增加对自我的认知能力，最后建立正确的自我概念。学习者在对自我有了清晰的认识后，才会从探索自我与族群发展间关系上升到族群文化与社会发展之间的关系。培养学生这种自我认同进而对族群文化的认同，不但可以帮助学生建立正向的认同感，了解不同文化群体间的复杂关系，更有助于不同群体的和谐相处。培养学生的多层次认同感既包括对自己族群的认同，也包括对国家和世界的认同，只有这三种认同保持平衡发展的状态，才能使学生在一个多民族、多种文化传统并存的国家中健康生活。

在我国实施多元文化教育是传承优秀的传统民族文化和传播具有地方特色乡土知识的重要方式之一，而校本（乡土）课程的构建和教材的开发是实施多元文化教育、推动新一轮课程改革的关键所在。我国的基础教育改革既要考虑到对国家认同的需要，也要基于多民族发展的特点考虑到各地区特定的生态、社会和文化的需要。校本（乡土）课程的构建和教材的开发过程中，要充分重视国家统整课程与地方统整课程间的和谐发展，防止两者之间的对立与分离。学校教育要通过地方统整课程和校本（乡土）课程来传承传统的乡土文化知识，充分保护文化的多样性，而地方统整课程、校本（乡土）课程应当融入以国家统整课程为主导的课程体系当中。

（二）课程内容设定层面

多元文化教育课程内容的设定，一方面应以革新性知识为基础，调整现有课程内容中以主流群体为中心的文化取向，增加不同文化群体的革新性知识内容。以主流文化为核心的课程内容，不仅会使得主流群体学习者缺乏批判性分析问题的能力，也使得他们无法学会理解和尊重少数群体的文化。另一方面局限了来自少数群体学习者的视野，使他们怀疑自我群体的文化价值，从而产生自身认同危机。以革新性知识为基础的多元文化教育课程就是要帮助学习者批判性地分析他们学习到的文化知识，认识到不同文化群体的传统对社会发展的影响，从而重新构建自身的知识体系。多元文化教育课程内容中所体现的知识观应该以系统性和整体性为特点，提升具有革新性知识的特征模式，以增加学习者对种族、性别、社会阶层、宗教、语言等问题的反思，引导学习者建立基于群体文化的知识观，和谐国家和世界的知识观。

多元文化教育课程的内容虽然强调以体现非主流文化的其他社会群体文化为主，但是也必须向学习者传授有关国家共同文化的内容，特别是不应该在课程内容的设置中过度强化各个群体文化的独特性，而忽视对国家共同文化的学习。格兰特在不同的研究中都提倡，各个族群拥有对自己宗教、文化与社会信念实践的权利，同时也有拥有文化选择的自由，但这些都要以遵守国家的基本精神与价值观念为基础。在中国，虽没有明确提出多元文化教育课程这一概念，但是作为多元文化教育内容一部分的民族教育课程是国家大力倡导的，学者们也提出了校本（乡土）课程的概念。无论这些呈现不同文化群体、文化传统的课程采用何种名称，课程内容的基础都需要归纳于促进国家统一的脉络之中，同时兼顾族群与文化的差异，以实践民主生活为理想促进各个群体间的融合。

多元文化教育强调文化多样性以及所有文化群体和各种文化价值观的平等，而这些需要通过多元文化教育课程来实现。作为学习主体的学生需要通过多元文化教育课程建立多元化的知识观，提升对文化的理解力，从而为改善群体关系为建立公平正义的社会而努力。格兰特呼吁进行多元文化教育课程的改革，所有的学科都应该从多元文化教育的角度出发来编写教材，才不会使知识的呈现受到主观文化意识的歪曲。尽管对于多元文化教育课程内容的改革格兰特并没有给出更多值得我们借鉴的观点，但他在课程计划和授课模式的设计上却是从多元文化教育的角度出发帮助教师开展课程教学。由此可见，多元文化教育知识观的建立一方面取决于课程内容的选择，另一方面授课环节的设置也会影响到学生多元文化知识观的构成。因此，格兰特在多元文化教育课程的授课模式中提出了特殊性与文化差异模式、人际关系模式、单一群体研究模式、多元文化教育模式、多元化社会正义模式来指导教师如何帮助学生建立多元文化知识观。

此外，多元文化教育课程内容设定的对象应该是所有的学习者，既包括少数文化群体的学习者，也包括主流文化群体的学习者。这也是格兰特所倡导的多元文化教育不仅要通过帮助少数群体学习者实现对自我概念的认识来提高学业成就，也应该帮助主流文化群体的学习者正视少数群体文化对社会发展的贡献，发展更多正向的态度和价值观。学校教育对于学习者来说是世界观、人生观形成的重要阶段，接受多元文化教育的学习者通过了解不同群体的文化传统，培养对文化多样性的认同，有助于他们在未来承担社会管理者角色时，能够采取包容性的管理方式来处理不同文化群体间的冲突，使国家朝着和谐统一的方向发展。多元文化教育课程的内容设定还应该重视不同阶层学习者的教育，来自贫困地区和家庭的学生与来自经济发达地区和富裕家庭的学生相比，其占有的教育资源明显不足，除了客观条件上造成的学习环境和教学水平的差异外，教师对这些群体的学生所持有的偏见也造成了他们辍学率高、学业成绩低。客观条件的不足加之主观人为因素造成了来自社会底层群体的学习者学业成绩的落后，这些问题在少数民族地区和少数民族学习者中尤为突出。因此各级政府在相关政策方面对于少数群体给予一定的倾斜和照顾是必要的，同时在精神层面的关心更是解决问题的关键。

（三）多元文化教育课程的实践层面

多元文化教育的实施不仅要帮助学生在认知层面澄清自己的价值观念，更应该使学生结合自己的知识与价值观念，通过反省思考，采取切实的行动将改革的理念付诸实际，使社会更加公正并具有人性化。多元文化教育课程的实施除了在理论上为其构建相应的框架外，还需要物力与财力方面的大力支持。同时教育主管部门的认可与支持对于推进多元文化教育发展也起着巨大的作用。各级政府要为其提供强大的财力支持，特别是在贫困地区和偏远民族地区推行多元文化教育课程最主要的问题就是缺少专项教育资金，由此而带来的一系列师资、教学水平的问题，最终制约了多元文化教育课程的实施。此外，即便在财力有限的情况下，为了保证多元文化教育课程改革和实施的长期进行，以地区为单位成立多元文化教育研究中心，从课程规范的制定、教材的研发、教学策略的设计、师资培训等方面为多元文化教育改革提供智力上的支持。多元文化教育研究中心的设立将有效推动多元文化教育“由下而上”的发展模式，为地区多元文化教育改革探索出适合本地区经济、社会、文化发展的新模式，同时也有利于不同地区间的交流和学习。

格兰特的多元文化教育理论体系以促进教育活动的实施者和学习者的整体参与为手段，以促进不同群体社会文化、政治权利和经济地位的改变为目标。由此我们可以看出，多元文化教育课程的实施不应仅仅局限于各级政府，学校、研究机构、教师也都应被赋权参与具体教学过程和学校管理的改革之中。特别是民族地区学校的改革，应该体现教职人员组成上的多样性，增加不同民族教职人员间的交流，从而来帮助学校的教职人员在对待不同文化传统的态度、认识和信念方面进行改观。格兰特设计的多元文化教育课程模式不仅涉及具体的教学方法，还涉及学校软硬件环境的建设。学校管理制度、教职人员的构成比例，以及校园环境乃至班级环境的设计规划中，都应该体现文化的多样

附 录

First Interview Session

第一部分访问记录

00：06：09 *Question*：What years are these?

Answer：Late 1930s，40s. He talked about the warmth of the neighborhood atmosphere，the busy interaction there，and his aunt's flower garden.

问：那些事情发生在什么时间？

答：20 世纪 30 至 40 年代后期。他谈到了社会邻里间的融洽气氛，彼此间密切的联系以及阿姨家的花园。

00：07：59 *Question*：Was education valued?

Answer：Yes，it was valued but they weren't "beat over the head" about it，because excellence was just expected and indeed each of his siblings excelled throughout school especially through his mother's quiet encouragement. He said his father was supportive and approachable，always full of stories from war，travel，and medical school. He thought his relationship with his graduate students was due to the seeds of those stories about his father's professors.

问：（在你的家里）重视教育吗？

答：是的。但是教育并没有获得特别的重视，因为他的兄弟姐妹们在学业上都非常的出色，以至于他母亲对于他们在学业上获得的成绩表现得比较平静。他的父亲则比较支持他们，也很平易近人，经常给他们讲他经历的战争、旅行和在医学院学习的故事。格兰特认为，他与他的学生关系非常融洽就是源于父亲给他讲的那些父亲与他的老师们间的故事。

00：13：59　*Question*：Talk about your elementary and high school education.

Answer：He went to Douglas School，an all – black school with some white teachers and a white principal. He recalled teachers who demanded excellence，citing his 5th grade teacher Mrs. Randall（who encouraged him that he could do things in life and submitted his name for double – promotion）and also his 6th grade teacher who demanded students concen trate on their own work and dress appropriately，and who he admired later in life.

问：谈谈你的小学和高中教育。

答：他去了道格拉斯学校，一个全部是黑人的学校，只有一些白人老师和一个白人校长。他回忆起那些要求非常严格的老师，他提到了他读五年级时的老师兰德尔夫人（Mrs. Randall，正是她鼓励格兰特去做那些生活中可以完成的事情），还有他一直很敬仰的六年级的老师则要求学生们集中精力在自己的学业上，衣着要得体。

00：19：03　[no question] He continued to talk about teachers he admired. His 7th grade teacher Mrs. tgrade helped prepare his class for HS. He talked about vying for the seat that denoted the one with the best grade in the class，remarking about the privilege of being one of the smarter kids in class. *Follow up*：Did this lead to discipline problems？

Answer：No. Teachers didn't put up with misbehavior.

［没有提问］他继续谈论那些令他钦佩的老师。他七年级的老师帮助他们为高中的生活做准备。他还谈到在班级里成绩好的同学有权利选择自己的座位，班级里表现好的学生在选择座位上是拥有一定的特权的。

问：是因为班级的纪律问题吗？

答：不是。教师不容忍有破坏班级纪律的行为发生。

00：24：33　*Question*：Were you conscious of being smart and different?

Answer：Not different；he talked about much of his friends' activity outside of school being related to school，which helped him succeed.

Follow up：Is that a lost ?

Answer：More attention needs to be given to it.

问：你有意识过自己很聪明或是有什么不同吗？

答：没有什么不同；他谈到了他的朋友们的课外活动，这些活动与学校活动相联系，并且帮助他们获得了（学业）上的成功。

追问：那是因为失去活力了吗？

答：需要给予更多的关注。

00：27：40　*Question*：After graduating 8th Grade?

Answer：Grant said while he wanted to go to the University of Chicago Lab School—to see how he would fare against the best—his mother was hesitant，so he went to Wendell Phillips HS.

Follow up：Why didn't your mother want you to go?

Answer：She had come from the South and seen racism，and the Lab School was an unknown. He recalled a teacher advising him within the first semester of HS to take up an instrument（to get a college scholarship）and start typing because his handwriting was so bad. So he took 4 years of typing.

问：八年级毕业后呢？

答：格兰特说当时他想要去芝加哥大学的实验学校，想要看看他将会面对面那些优秀的人，但是他的妈妈很犹豫，所以他去了温德尔·菲利普斯高中。

追问：为什么你妈妈不想你去？

答：她来自南方，看到过种族主义，而实验学校则是一个未知数。他回忆他的高中老师建议他在第一学期时学习一种乐器（有助于获得大学奖学金），并开始练习打字，因为他的字写得非常差。于是他花了 4 年的时间练习打字。

00：34：34 [no question] Grant discussed another teacher who encouraged his interest in Junior American Red Cross, traveling with the group, being featured with 9 other graduating seniors from Wendell Phillips in the Chicago Tribune, and being involved in the school newspaper. *Follow up*: Was Phillips an integrated school?

Answer: No, it was all - black; he remembered the African - American principal Mrs. Lewis.

[没有提问] 格兰特谈到了他的另一位老师，这位老师鼓励他参加美国初级红十字会，在这里他遇到了其他的 9 名温德尔·菲利普斯高中的毕业生，他们在芝加哥论坛报供职，并与他们一起旅行。

追问：当时菲利普斯中学是一所综合性的学校吗？

答：不，全是黑人，他想起了他们的非洲裔校长刘易斯夫人。

00：39：18 [no question] He noted the difference between Phillips HS and some of the Northside HS in Chicago was the intensity of preparation for college that they had.

Follow up: Were many Phillips students college - bound?

Answer: Just a number of them, because it was not promoted vigorously—he talked about "flat - out brilliant" students who dropped out because they didn't get support.

[没有提问] 他指出菲利普斯高中和芝加哥北部城区的一些高中一样会让学生

努力为上大学做准备。

追问：会有很多菲利普斯高中的学生上大学吗？

答：只是其中一些，因为它没有积极地推进，他谈到了那些因为缺少支持而辍学的“直率而优秀”的学生。

00：45：08　*Question*：Did Phillips have as many good teachers as the Northside schools?

Answer：He thought they had good teachers，though he wondered how hard teachers worked to push students.

问：菲利普斯高中和北部城区的其他高中一样有很多好的老师吗？

答：虽然他不知道老师们如何辛苦的工作来推动学生的进步，但是他认为他们有很好的老师。

00：47：26　*Question*：Did you visit members of your family in the South?

Answer：Yes；they used to visit his mother's brothers in Huntsville AL，both of whom were successful businessmen. He talked about his uncle's dance hall，which hosted some of the great performers of the time.

Follow up：Was it hard to go into the South?

Answer：Yes and no. He recalled knowing the expectations and staying within his uncle's “bubble.”

问：你看望过你在南方的亲戚吗？

答：是的。他们曾经去看望过他母亲的兄弟，在阿拉巴马州的亨茨维尔，他们俩是很成功的商人。他谈到了他舅舅经营的歌舞厅，在那个年代有很多知名的表演者在那里表演。

追问：是不是在南方生活很困难？

答：是也不是。他回忆说他们知道这是个期望，但是他们就生活在他舅舅为他们构建的“美好”生活之中。

00：52：04　*Follow up*：Sounds so foreign.

Answer: Yes; he remembered the friendliness of whites to his uncle, but the deference he had to show them and the way he had to protect Grant. He discussed the good life his uncles led despite the "despicable conditions" in Alabama; and said that even though his uncles tried to convince his family to return to help with their business, his mother refused because they were used to being able to speak their mind.

追问：听起来太过陌生。

答：是的。他回忆起他舅舅的那些很友好的白人朋友，他向他们表示必要的尊重，如同他们必须保护格兰特。他谈到了他的舅舅们在阿拉巴马州如此恶劣的条件下为他们营造美好的生活；而舅舅们则试图说服他的家人返回阿拉巴马州，他的母亲拒绝了，因为他们已经习惯了说出自己的想法。

00：57：48 *Question*: When did you graduate from Phillips?

Answer: Early 1950s. He wanted to go to Northwestern Univ., but his mother again resisted. He enrolled at Univ. of IL at Chicago (Navy Pier). While he did well on entrance exams, he recalled not being prepared for the adjustment to the cold, college courses, and an all - white environment. After his mother suggested he visit his brothers at Tennessee State University (TSU), a historically black school, he decided to transfer there.

问：你什么时候从菲利普斯毕业的？

答：20 世纪 50 年代初期。他想去西北大学，但是她的妈妈又一次阻止了他。他进入了伊利诺伊大学芝加哥分校。尽管他在入学考试时表现得非常好，但是他还是没有为在一个新的环境、大学生活和一个全是白人的环境下生活做好准备。随后，他妈妈建议他去拜访一下他哥哥所在的田纳西州立大学，一个历史悠久的黑人大学，他最终决定转学去了那里。

01：03：24 *Follow up*: Were classes smaller?

Answer: Yes, but people were more caring as well.

Follow up: Was TSU a private college?

Answer: No, it was a state university.

Follow up: Were you still focused on becoming an MD?

Answer: He'd had that dream since he was about 5 or 6.

Follow up: Memorable professors?

Answer: He talked about his first psychology professor, a dramatic black history teacher, and a French professor who taught him to love languages.

追问：班级都很小吗？

答：是的。但是大家都彼此很关心。

追问：田纳西州立大学是一所私立大学吗？

答：不。是一所州立大学。

追问：你一直都想成为一名医学博士吗？

答：在他五六岁时就有这个梦想。

追问：有哪些记忆深刻的教授吗？

答：他谈到了他的第一个心理学教授，一位上课很生动的历史老师，还有一位告诉他去热爱语言的法语教授。

01：08：27　[no question] Grant discussed his decision to just have fun and take liberal arts courses his senior year, his brother's suggestion that he take courses at the school of education in case he didn't get accepted at a medical school, and the dean of education's pushing him through a two-year course in a year.

[没有提问] 格兰特在讨论他的决定时认为很有乐趣，在大四那年选修了通识课程，他哥哥的建议如果没有被医学院录取可以选修教育学院的课程，就这样教育学院的院长催促他在一年内完成了应该在两年修完的课程。

01：13：09 ［no question］He talked about student teaching in Nashville HS—on his first day, his cooperating teacher became acting principal which left him in charge of the class.

Follow up：Were you scared?

Answer：Maybe a little bit, but he didn't intimidate easily and got along with everyone pretty well.

［没有提问］他谈到了他第一次在纳什维尔高中授课的经历，他的合作老师成了代理校长，所以就留他一个人单独代课。

追问：你当时害怕？

答：有一点。但他却没有轻易地被吓倒，而是和每个人都相处得很好。

01：15：11 *Question*：After graduating from TSU?

Answer：He said he returned to Chicago and while he was "dickering with Meharry" over his admission, he was drafted to the US Army. He served two years in San Francisco working in a special unit because of his science training. While he was offered to go to officer school, he declined.

问：田纳西州立大学毕业后呢？

答：他说他回到了芝加哥后加入了美国陆军。他在旧金山服役两年，因为接受过科学训练所以在一个特殊的部门服役。他有机会去军官学校学习，但他拒绝了。

01：19：48 ［no question］After declining officer training, he went to Letterman Hospital at the Presidio, though his unit was normally an all－white unit. He described a major of his who he impressed and with whom he did research on warts a certain group of pilots had developed.

［没有提问］拒绝了去军官学校后，他去了莱特曼要塞的医院，他所在的这个部门通常都是白人。他讲述了很多给他留下深刻印象的事情，和配合他做研究

的一群飞行员的故事。

01：25：30 ［no question］Soon after this experience he was transferred to a lab facility at Fort Baker. He described the reaction of the colonel in charge of the unit when they realized he was black. After beating the colonel at pool, the colonel exclaimed "Another misspent youth!" and assigned him to scrape paint at an isolated barracks.

［没有提问］这些经历是发生在他被派到贝克堡的实验室后不久发生的。他讲到上校发现他是他们这个团队唯一的黑人后的反应。在泳池里战胜上校后，上校惊呼"又一个来这里浪费青春的!"并给他分配了个到一个孤立的营房里刮漆的差事。

01：31：39 ［no question］Grant talked about being conflicted about his mistreatment. So after he subtly hinted that his parents were coming to visit and would probably take issue with his treatment, and noted that at the time "Uncle Sam were afraid of mothers," he was routed through the (unnecessary) training program. At that point, he made a point of getting excellent scores on his Friday tests in order to show up his colonel.

［没有提问］格兰特谈到了他在军营里受到的虐待和发生的冲突。在他巧妙地暗示下，他的父母都来军队看望他，并对他受到的虐待提出了异议，在那个时代"山姆大叔是很怕母亲的"，他被安排通过（不必要的）训练项目。正是因为这，他在周五的测试上获得优异的成绩以此向他的上校炫耀。

01：36：46 ［no question］He also recalled the colonel trying to engage him in philosophical discussions, at which he would "chew him up." After his training, he was transferred to the Oakland Army Terminal.

Follow up: Were you angry at the treatment?

Answer: "It was a challenge." He said anger wasn't very helpful, since his word would have very little currency against a colonel in the

Army.

[没有提问] 他还回忆上校试图让他参加一个哲学讨论，通过这个讨论来“攻击他”。训练结束后，他被调到奥克兰的陆军基地。

追问：他们对待你的方式让你生气吗？

答：“这是一个挑战!”他说愤怒是没有用的，因为他的话对军队里的上校是不会起到什么作用的。

01：41：21 [no question] Grant told an anecdote that illustrated his feelings during the time. After being picked up by a white woman to go to a party and returning late one night, the guard on duty pulled her over and reprimanded her at the exit checkpoint. He responded by confronting the guard in the mess hall; the soldier never bothered him again. He said he pushed back in situations of obvious racism, but he was selective and intelligent about the person and situation he was dealing with.

Question: Did that experience change you at all?

Answer: It confirmed what he already knew and gave him some confidence, but didn't affect him greatly.

[没有提问] 格兰特谈到了他的感情故事。他被一个白人女性邀请去参加舞会，他们很晚才返回军营，她的舞伴被值班门卫拉了过去并在出口检查处责问她。他打了那个士兵，士兵再也没有骚扰过他。他说在那个时候种族主义是很明显的，但他是有选择地、明智地去和身边的人和环境相处的。

问：这段经历有没有改变你呢?

答：这证实了他的一些想法，也给了他一些信心，但并没有对他产生很大的影响。

01：48：57 *Question*: So what happens next?

Answer: After getting out of the Army, he became ill for 2 yrs. Because he had to wait before re-applying to medical school, his mother convinced him to pursue teaching. He related going to the Board of Education, taking the entry tests, and immediately getting a substitute job at a local elementary school.

问：那么接下来怎么样？

答：退役后他病了两年。他在等待重新申请医学院的结果，但是他的母亲说服了他从事教学工作。他去教育委员会通过了资格考试，随后在当地的一所小学获得了代课教师的岗位。

01：54：52 *Question*：You were in a science class?

Answer：No, in an upper elementary class. He related that he enjoyed it, the students seemed eager to learn, and they gave him "that three minutes that I needed."

Follow up：What does that mean?

Answer：He said it was that short moment that, when seized, let's both parties know they can work together.

Follow up：Did you fall in love with teaching?

Answer：Not really, but he felt more than comfortable with it and was good at it.

问：你教科学课？

答：没有，在小学高年级班级。他谈到他很喜欢这个工作，他的学生都很渴望学习，他们给了“他所需要的三分钟”。

追问：这是什么意思？

答：他说这是短暂的一瞬，在那一瞬让我们双方都知道我们在一起努力。

追问：你爱上了教学？

答：不完全是，但他觉得很舒服，并且很擅长。

01：58：20 *Question*：Where did you teach from 1962 – 1967?

Answer：He became permanent at Wadsworth Elem. School in Chicago, and described the esprit de corps among the young faculty of the school, who wanted to make a difference in students' lives.

Follow up: Was Wadsworth an inner city school?

Answer: Yes, right off 64th street. He related dramatically changing the school schedule so that he had enough time to "force march" his students to the Museum of Science and Industry, whose exhibits could teach some principles better than anything he could set up in class.

问：1962—1967 年你在哪里教学？

答：他成了芝加哥沃兹沃思学校的一名正式教师。他讲述了他和他年轻的同事们想要给学生们不同的生活。

追问：沃兹沃思学校是在芝加哥市区的学校吗？

答：是的，在第 64 街区。他谈到他甚至调整了学校的时间表，这样他就可以有足够的时间带他的学生去自然博物馆和工业博物馆，在那里学生的学习效果要比在课堂里学习的效果好。

02：03：25 [no question] He discussed taking kids in his classes to a movie and a restaurant on the weekends and developing cooperative relationships with kids' parents. He also talked about having high expectations and dealing with gang members.

[没有提问] 他继续讲他带学生们去电影院看电影，周末去餐厅吃饭，和学生的家长都建立了非常好的关系。他还谈到了他们所持有的高期望以及如何与黑帮成员接触。

02：06：30 *Question*: Why did you leave to become a principal?

Answer: He talked about the government initiative to identify and recruit talented minority administrators, being assistant principle and then acting principle at Sumner. While at Sumner, a friend suggested he pursue a doctoral degree in education at UW.

Question: When did you secure your MA?

Answer: From Loyola in the evenings.

问：你为什么要离开去做一个校长？

答：他谈到了政府有意主动招募一些少数族裔的管理者，在萨姆纳由校长助理做起然后再做代理校长。然而在萨姆纳他的一个朋友建议他去威斯康星大学攻读博士学位。

追问：你什么时获得硕士学位的？

答：在洛拉大学的夜校里。

02：09：52 *Question*: So in January you came to UW?

Answer: He described his first impressions of Madison as a more peaceful place than Chicago, being admitted on short notice, commuting to classes, and his mother's advice about staying awake.

Answer: Was the School of Education as prominent then as now?

Answer: Probably so.

问：那么在一月份你来到威斯康星大学？

答：他描述麦迪逊给他的第一印象是比芝加哥更平和的地方，被录取后的短时间内，他继续在讲课，但他的母亲提醒他要保持清醒。

答：当时教育学院和现在一样的出名吗？

答：大概如此。

02：13：54

Follow up: Did you start full time at some point?

Answer: He moved his family to Madison and continued to go to Chicago to substitute.

Follow up: That must have made you unusual among doctoral students.

Answer: Probably, but he noted that he and his friend Bob didn't know that many people in the department, because no one particularly reached out to them.

追问：你有没有全日制读书？

答：他举家搬到了麦迪逊，但他还继续去芝加哥代课。

追问：那你一定不同于通常的博士生。

答：可能吧。但他指出他和他的朋友鲍勃不知道学院有多少人，因为没有人特意与他们接触。

02：17：31　*Question*：How did you formulate a dissertation topic?

Answer：He said that none of the science texts he used in Chicago was representative of his students—there were no scientists of color. So at UW, he started investigating text materials and wondering what would happen if texts related to students of color. At the same time, Vere DeVault was working with SRA, who had just published the "We are Black" series, and was able to procure 20 copies of the series for Grant.

问：你是如何确定的论文题目？

答：他说他在芝加哥教学时所使用的科学课本中没有能够代表他学生们的内容——没有有色人种的科学家。因此，在威斯康星大学期间他开始调查课程材料的同时，也在思考如果课程内容与有色人种的学生有关会发生什么样的事情。与此同时，DeVault 与 SRA 刚刚出版了"我们是黑人"系列丛书，而且格兰特得到了 20 本。

02：22：28　[no question] Grant continued discussing his dissertation project implementing the "We are Black" series from SRA in a Chicago school. A friend in the district office helped him secure support from local schools, from which he selected 20 test classes and 20 controls.

Follow up：How long? What did you find?

Answer：Maybe for a semester. He said the kids were excited, it improved reading and school attendance, though not self－concept.

Follow up: But it was enjoyable? Successful?

Answer: Yes.

［没有提问］格兰特继续讨论他的论文中所涉及的研究项目，在芝加哥的学校中使用SRA的这套“我们是黑人”系列丛书。他的朋友在芝加哥地区办公室帮忙联系了一所愿意进行试验的学校，在这里他选择了20名学生作为被测，20名作为参照对象。

追问：持续了多久？你发现了什么？

答：大约一个学期。他说，孩子们兴奋不已，提高了阅读课的出勤率，但对于自我概念并没有什么发现。

追问：但那是令人愉快？成功？

答：是的。

02：26：46　***End of First Interview Session*** **第一部分访问结束**

Second Interview Session

第二部分访问记录

00：00：00　***Start of Interview***/Interviewer's Introduction

00：00：21　*Question*：Talk about being co－director of the WI Technical Assistance Project from 1970－1972.

Answer：He said that the project was a federally funded 10 university initiative to help other universities implement competency－based education program，and required that each university include a female and scholar of color. After his colleague turning down the opportunity，he was offered the chance to become a co－director and travelled nationally to offer assistance with competency－based education.

问：请谈谈从 1970 年至 1972 年间参与威斯康星州技术援助项目的情况。

答：他说该项目是由联邦政府资助的 10 所大学主动帮助其他大学而推行基本能力教育计划，并要求每所大学的参与者要涵盖女性和有色人种学生。由于他的同事拒绝了参与这个项目，他则获得了这个机会，成为合作主任在全国范围内提供基础能力教育援助。

00：06：01　[no question] This experience，he said，introduced him to the goings on of the Office of Education in DC as well as other universities. During his time serving in DC，he was also selected to direct an initiative（“Associates Program”）of the newly－formed Teacher Corps that selected and trained minorities to serve in roles of educational leadership. This was when he moved from just being a graduate student on the Technical Assistance Project into a position of national prominence.

［没有提问］他说因为这样的经历使他有机会进入华盛顿的教育办公室和其他的学校。他在华盛顿特区服务期间，还入选了新成立的教师组织，这个组织的目的是挑选和培训少数族裔的教育领导者。

00：12：46 *Question*：Were you a PhD being paid by UW?

Answer：Yes, he got his degree in 1972, but was being paid by a grant from the program.

Follow up：Did any prominent people come out of the program?

Answer：Yes, a number of people went into education either at universities or the federal level.

Follow up：Were they all teachers?

Answer：Many taught at universities, but some were on "soft money."

Follow up：Did the School of Education support you?

Answer：The larger program had been approved by the department, and it brought federal money in, so most supported it.

问：你读博士的费用是由威斯康星大学资助的吗？

答：是的。他在 1972 年获得了博士学位，是受到一个项目资助的。

追问：有没有其他优秀的人也获得了这个项目的资助？

答：是的。很多人进入了大学从事教育工作或是到联邦政府工作。

追问：他们都是教师吗？

答：很多是在大学里教书的，但有些是靠"软钱"资助的。

追问：是教育学院资助的你吗？

答：较大的项目是由系里支持的，也有联邦政府的钱，所以大多数都是支持的。

00：17：44 *Question*：It was about a 6 – week course?

Answer：Yes, it was intense, and they would also travel to hear other speakers (he gave the example of Asa Hilliard in San Francisco)

Follow up: Were you writing about the project?

Answer: Not much.

问：这是约6周的课程？

答：是的。集中授课，但也需要到处去听其他人的讲授。

追问：你写过关于这个项目的东西吗？

答：不多。

00：19：10　*Question*: So in 1972 you were invited to join the faculty?

Answer: Not really; he said it was a way for the dept to save money since he was around and they needed an instructor. He wasn't paid any more.

Follow up: Were you thinking in terms of staying at UW?

Answer: No, it never occurred to him. When he was hired as an asst. professor, he didn't even know the position was advertised. He talked about his and his friends' intention to pass the principals' exam in the Chicago school district. But when he was offered the job and consulted with his friends, they advised him that he could influence the schools as much from his professorship as being a principal.

问：那么在1972年你被邀请成为教育学院的教师了吗？

答：并非如此。他说这是系里一个省钱的方法，因为他四处讲课而他们只需要一个课程指导。他再没有收入了。

追问：你有考虑过待在威斯康星大学吗？

答：没有，没想过会发生这样的情况。当他被聘为助理教授时，他甚至不知道这个位置发布了招聘信息。他谈到了他和他的朋友们打算参加芝加哥学区的校长考试。但是，当他得到了这份工作，并征求了他朋友的意见后，他们建议他作为一个教授也可以对学校产生不亚于校长的影响。

00：25：14　*Question*: Was that sound advice?

Answer: Yes. He reflected on another friend who had the opportunity to be superintendent of Chicago schools, but declined because of the politics.

Follow up: Do you ever wish you could have run a major school system?

Answer: No; the only job he wished he could have done was the deanship of the School of Education.

Follow up: So you decided that you were content to be a researcher?

Answer: Yes, relatively. He qualified by noting that it wasn't an overnight realization, but came as people approved of what he was doing.

问：这是否是中肯的意见？

答：是的。他反映另外一个原本有机会成为芝加哥地区一个学校管理者的朋友，由于政治的原因被拒绝了。

追问：你是否曾经希望你能够管理一个学校？

答：不。他唯一渴望的工作是做教育学院的院长。

追问：所以你很满足做一个研究者？

答：是的。相对来说比较满足。他有资格来说这不是一夜之间的领悟，而是来自一个人认同他自己所做的事。

00：29：35　[no question] Grant talked about querying his colleagues at UW about "What is a professor?"

Follow up: What is a professor?

Answer: He thought it was someone who gives through helping people achieve what they want to achieve. He talked about the need to deal with family and social relationships while trying to help the student.

[没有提问] 格兰特谈到他同事在威斯康大学做的调查"教授是什么？"

追问：教授是什么？

答：他认为教授是帮助人们实现他们想要达到的目标的人。他谈到了在帮助学生的过程中需要处理家庭和社会关系。

00：33：30　*Question*：What were your responsibilities as asst. professor?

Answer：He was expected to run the student teaching program. He noted that because several of his predecessors had failed to get tenure, if he failed the department would change it to a non – tenure position. He said he had no problem with leading the program, but had to learn what UW's scholarly expectations were. He said the biggest hurdle was figuring out how the game was played, not having an academic mentor.

问：作为助理教授你的责任是什么？

答：辅助完成教学项目。他指出由于他前任的几个人都没能获得终身教职，如果他失败了，院方会把这个岗位转变为一个非终身制的职位。他表示负责这个项目没有问题，但是他需要了解威斯康星大学的学术预期。他说，最大的障碍是在没有学术导师的指导下搞清楚“游戏”的规则。

00：38：15　*Question*：What were you teaching?

Answer：Other than two years, he'd always taught Introduction to Education and the graduate Supervision of Student Teachers course—no one ever offered him to design a course of his interest.

Question：Did it matter that you were the only faculty of color?

Answer：He talked about the challenges of not having collegiality and subtle racism.

Follow up：But you didn't contemplate leaving?

Answer：“No one chases me away.”

问：你教什么课？

答：除了两年的时间，他一直都在教教育学概论和师范生毕业指导课程——没有人给他机会去设计一门自己感兴趣的课程。

问：你觉得作为唯一的有色人种教师有什么问题吗？

答：他谈到没有合作的研究团队这对他是挑战，还有就是微妙的种族主义。

追问：但你没有考虑离开？

答：没有人轰我走。

00：41：44 *Question*：What was it like teaching mostly white students?

Answer：He said it was difficult early on，but it was just due to lack of exposure.

Question：Who was dean when you came?

Answer：Don McCarty.

Follow up：Was he a good dean?

Answer：Oh，yes；he talked about how he got to know McCarty while preparing a conference presentation on competency – based education，only to find out he was actually doing the presentation. Later on when he came up for asst. professor，he noted，he had McCarty's blessing and he always felt he could talk to him.

问：你的学生大多数是白人这让你感觉怎么样？

答：他说由于接触的少开始的时候比较困难。

问：当你来的时候谁是院长？

答：唐·麦卡蒂（Don McCarty）。

追问：他是个不错的院长？

答：哦，是的。他谈到了他是如何知道的麦卡蒂，当时以为麦卡蒂在准备一个以能力为基础的教育议题的会议演讲，后来才发现他实际上做了演示。他提到他成为助理教授是托了麦卡蒂的福，并且他总觉得可以和他畅谈。

00：48：09 *Question*：Were there many faculty of color at UW at the time? Did you ever meet?

Answer：Not many；he didn't remember meeting formally or informally.

Question: Was UW well - regarded?

Answer: He didn't know, and never thought about it in those terms.

问：那个时候在威斯康星大学有很多有色人种的教师吗？你有没有见过？

答：不是很多。他不记得是在正式或是非正式的场合见过。

问：在威斯康星大学（有色人种教师）受到比较好的尊重吗？

答：他不知道，他没从这个角度考虑过这个问题。

00：49：36 *Question*: And you got tenure in 1978? What was it like?

Answer: It wasn't bad. He said Dale Johnson was in charge of his tenure case and helped him prepare the materials.

Follow up: Why do you think you "squeezed through"?

Answer: Because at the time, few people appreciated or understood the work he was doing, so it was difficult to get published in the normal educational journals. He talked about one article he was encouraged to submit to the Journal of Teacher Education, which would not normally have published his studies.

问：你在 1978 年获得了终身教职吗？是什么样情况？

答：不太坏。他说，戴尔·约翰逊（Dale Johnson）负责他终身教职的事情并帮他准备材料。

追问：你怎么认为你会获得这个机会？

答：因为在当时，很少有人认识或理解他在做的工作，所以很难将研究成果发表到正常的教育期刊。他谈到他有一篇文章被鼓励提交到了教师教育杂志，通常这样的杂志是不会发表他这样的文章的。

00：55：15 *Question*: What was your thesis in the article?

Answer: That multicultural education was not simplistic, including many dimensions of race, class, gender.

Follow up: Were you one of the early scholars working in this field?

Answer: Very much so.

Follow up: Did this determine your reputation?

Answer: Yes, but it was also the quality of his work.

问：你文章的主题是关于什么的？

答：有关多元文化的教育，多元文化教育并不是简单的，它包含种族、阶级、性别等方面。

追问：你是早期工作在这一领域的学者之一吗？

答：正是这样。

追问：这是你的学术声誉决定的吗？

答：是的，但也代表他作品的质量。

00：57：01 *Question*: How worried were you about tenure?

Answer: He wasn't, because if he didn't get it, he would simply return to Chicago. He recalled not being awestruck with UW or being overly relieved when he heard he'd gotten tenure.

Follow up: Do you think the tenure process has become harder recently?

Answer: He didn't know because he remembered many people not getting tenure; but he thought "people then did their work."

问：你担心你是否能获得终身教职吗？

答：并不担心，因为如果没有获得这个机会那么他将返回芝加哥。他回忆当他听说他得到终身教职后对威大的做法没有表示畏惧，自己也没有感觉多轻松。

追问：你觉得最近申请终身教职的过程变得越来越困难了吗？

答：他不知道，因为他记得很多人都没能申请到终身教职，但是他认为大家都在做自己的工作。

01：02：24 *Question*: Were you starting to speak nationally about multicultural education?

Answer: Yes, with Teacher Corps, sometimes on both sides of the country in a single day and on the same podium with Terrel Bell.

Follow up: Where?

Answer: Associations, universities, school districts. But he said at this point he wasn't getting a national audience because he wasn't invited to give keynotes, only sessions at conferences.

问: 你开始在全国范围内谈论多元文化的教育?

答: 是的。和教师协会一起，有时候一天就要从美国的这一边跑到另一边，也会与特雷尔·贝尔在同一个讲台上。

跟进: 都在哪里呢?

答: 协会、大学、学区。但他说要指出的是他并有全国范围的听众，因为他没有被邀请做主题发言，只是负责会议的一部分。

01: 06: 52 *Question*: Did your teaching responsibilities change?

Answer: No, it was still 2 and 2, with the student teacher program counting as a course.

Follow up: How did that work?

Answer: He said he had 8 – 12 supervisors observing student teachers and he would oversee, trouble – shoot, and meet with superintendents.

Follow up: How often did you have to counsel a student not to teach?

Answer: It wasn't unusual. He said sometimes a teacher would even approach him in a store to counsel about a student.

问: 你的教学职责变了吗?

答: 没有。师范生项目始终是一门课程。

追问: 如何做这项工作?

答: 他说他有 8—12 个需要监督的师范生，他会监督、挑错，并与院长见面。

追问: 你通常多久督导一次学生而不是教他们?

答：不需要经常。他说有时师范生们甚至会在商店里向他咨询关于学生的问题。

01：09：17 *Question*：Are students required to major in a subject or education?

Answer：Yes，it used to be called an "area of concentration" in elementary school and HS teachers major in their subject area.

Follow up：Were you starting to take graduate students?

Answer：Yes，almost from the beginning，mainly on urban and multicultural issues.

问：学生们必须有特定专业或是教育学专业的吗？

答：是的。小学和高中的教师必须都有他自己的专业。

追问：那时候你就开始带研究生了吗？

答：是的。几乎从一开始，主要是关于城区和多元文化的议题。

01：11：10 *Question*：Any significant grad students?

Answer：Maureen Gillette，at NEIU；Christine Sleeter at UCMB；Lynne Boyle – Baise at Indiana；Evelyn Reid at Webster U.；Susan Melnick at MSU；and others.

Follow up：So you have disciples across the country?

Answer：Not disciples；critical thinkers whose ideas are compatible with his.

问：有哪些比较突出的研究生吗？

答：东北伊利诺斯大学的莫林·吉尔特；加州州立大学的克里斯汀·史利特；印第安纳的林恩·波义耳贝斯；密歇根州立大学的苏珊·梅尼克，还有很多人。

追问：那么你在全国有很多追随者了？

答：不是追随者，都是与他有共同志向的批判的思想者。

01：13：56 *Question*：What is it you think needs to happen to educate all people?

Answer: He related his views in a recent article that argued not for Afrocentric education, but for multicultural education—that we should learn about the histories and cultures of everyone. What do we tell our grandchildren about globalization while embracing social justice and civil rights of all people inclusively. He talked about how this would happen—with quality, caring teachers, parents who know how to help their kids, schools with resources.

问：你认为要把所有的人教育成什么样的人？

答：他谈到了他最近发表的一篇文章上的观点，这篇文章不是关于以非裔为中心的教育模式而是关于多元文化教育的，我们需要学习每一个人的历史和文化。当所有的人都享受到了社会正义和人权时对于全球化我们需要告诉我们子孙些什么呢？他谈到素质好的、细心的教师和家长知道如何利用资源去帮助他们的孩子和学校。

01：20：49 *Question*: Elaborate on what you see in the future of public education.

Answer: He said it depended on the 2008 elections and better educating students to live in global society.

问：请详细谈谈你对公立教育未来发展的看法。

答：他说这将取决于 2008 年的选举，好的教育是要帮助学生在全球化的社会生活。

01：23：17 *Question*: Did you become more active in UW service after getting tenure?

Answer: Since being a grad student, he'd been on numerous committees.

Follow up: Any parti – cularly important ones?

Answer: He questioned the importance of most committees who act in a simply advisory role, but said he'd been in a number of diversity committees.

问：你获得终身教职后热衷参与到威斯康星大学的服务体系中吗？

答：作为一个毕业的学生他一直都在参与多个协会社团。

追问：任何一个协会都是重要的吗？

答：他质疑了多数协会社团的作用，作为参与者仅仅是个建议者的角色，但是他说他参加了很多多样性的社团。

01：25：47 *Question*：Talk about the impact of Donna Shalala.

Answer：He said she was " a terrific person and a terrific administrator. " She came while he was chair of Afro – American Studies, and he related an anecdote about her calling him within weeks of coming. He observed that she read the pulse of the campus and was willing to step out to do what was right in terms of diversity.

问：谈谈唐娜·沙拉拉（Donna Shalala）的影响。

答：他说她是"一个了不起的人，一个了不起的管理者"。她来了，而她是非裔美国人研究协会的主席，他谈到了她在几周前发生的一件轶事。他观察到她了解学校的整体情况并希望从认可多样性的角度做些什么。

01：29：56 [no question] Grant recalled meeting with Shalala, hosting a party so she could brain – storm with the Afro – American Studies dept, and requesting resources for entertaining community leaders, holding the Brown v. Board of Education conference. He quipped about only ever visiting the president's mansion when Shalala was chancellor.

Follow up：Was she successful in implementing multicultural studies?

Answer：He said she made a dent in it, but was resisted.

[没有提问] 格兰特回忆与沙拉拉的会面，举办一个派对，这样可以让她以头脑风暴的方式了解非裔美国人研究中心这个部门，可以向活动协会的领导申请资助，以支持布朗法案研讨会。他打趣地说大约只有在参观总统官邸时沙拉拉

是校长。

追问：她成功地推动多元文化的研究？

答：他说她削弱了多元文化的研究，但是被抵抗了。

01：34：10 *Question*：Talk about becoming a Fulbright scholar.

Answer：During 1982 – 83，he was at Birmingham Polytechnical，but was really spending a lot of time on a European speaking circuit. He talked about being invited to speak various places and taking his children with him. He said he studied a school there but never published on it.

问：谈谈成为富布莱特学者。

答：在 1982 年至 1983 年度，他在伯明翰工业大学，花费了很多的时间用来在欧洲演讲。他谈到了他被邀请到很多地方去发言，他一直带着他的孩子。他说到他研究过一个学校，但是从来没有把研究结果发表出来。

01：37：48 *Question*：What did you do then?

Answer：Writing，research，and suffering through Ronald Reagan.

Question：Talk about the WI Center for Education Research.

Answer：He said he and a colleague had a grant working in teacher education.

Follow up：Were you working in Milwaukee?

Answer：No；he'd never been invited to work there. UW – Milwaukee is better connected to Milwaukee Public Schools，but even that is not close. He talked about his relationship with Martin Haberman.

问：你做了什么呢？

答：写作、研究、忍受着罗纳德·里根的痛苦。

问：谈谈威斯康星州教育研究中心的情况。

答：他说他和同事在教师教育方面承担了很大的工作量。

追问：你到过密尔沃基工作吗？

答：不。他从来没有被邀请到那里工作。威斯康星大学密尔沃基分校与密尔沃基公共学校有着比较好的联系，但不很紧密。他谈到他与马丁·哈伯曼（Martin Haberman）的关系。

01：42：47 *Question*：Talk about applying for deanship.

Answer：It was when Donna Shalala was at UW，and he came to within the last three finalists. He remarked that he wouldn't have lasted as dean，however，because he would have been too confrontational and outspoken in the national media. He felt there was no public voice for education because current deans didn't want to be too confrontational.

问：谈谈申请院长的事情。

答：这是当唐娜·沙拉拉在威斯康星大学的事情，他成为最后三名候选者之一。他表示他最终不会成为系主任的，因为在面对媒体时他很直率。他感觉没有公开的声音为教育说话，因为现在的院长们不愿意显得过于有对抗性。

01：46：38 *Question*：What things would you have said？

Answer：Education for urban kids and kids of color needs more resources；quality teachers. Principals need to be more carefully selected and support teachers more. Parents need to be brought into the picture.

Follow up：Why is that？

Answer：Part of it is that it's too political.

问：什么事情让你这么说？

答：城区学校的学生和有色人种的孩子在教育上需要更多的资源、优秀的教师，校长需要更加仔细地挑选和提供更多的后备教师，还需要父母的参与。

追问：这是为什么？

答：部分原因是因为它太政治化了。

01：49：29 *Question*：How did you become chair of Afro – American Studies？

Answer: He was asked to be part of the program and noted that he was blown away when he was asked to be chair. He also talked about problems on campus while he was chair of Afro – American students feeling neglected, needing new faculty, not having appropriate space. He talked about increasing the number of faculty by 50% by convincing people it was for the good of the university.

问：你是怎样成为非裔美国人研究中心的主任的？

答：他被要求作为项目的参与者，并指出当他被要求成为主席时他却被遗忘了。他还谈到在他作为非裔研究中心主任时校园里存在的问题；忽略了学生的感受、需要新的教师及缺少足够的空间。他谈到了为了大学的发展应该说服人们来增加 50% 的教职工人数。

01：54：21 [no question] Grant discussed a program (Anna Julia Cooper) he started with Shalala to correct the problem that African American scholars were not prepared to give job talks. He proposed that these scholars be given a year to simply "soak in the UW climate" in order to talk to other faculty and learn to be a professor. He said this was because most African – American graduate students haven't been mentored in graduate school.

[没有提问] 格兰特讨论一个项目（安娜·朱莉娅库珀），他与沙拉拉开始纠正存在的问题，非裔美国学者没有为工作谈话做好准备，他指出这些学者只有一年的时间去适应威斯康星大学的氛围，为了与其他的同事交流沟通并且学习成为一名教授。他说这是因为大多数非洲裔研究生在研究生期间没有获得相应的指导。

02：00：24 *Question*: Who were some of the faculty who the program recruited?

Answer: Stanlie James, whose mother was part of the Teachers' Corps Associates program.

Follow up: That phenomenon continues?

Answer: Yes. He said a graduate student needed to become close to their major professor in order to compete in the job market.

问：谁是教师聘用方案的制定者？

答：斯丹利·詹姆斯，他的母亲是教师联合会的成员。

追问：这种现象现在还有吗？

答：是的。他说一个研究生为了在招聘中获胜必须要与他们主要的教授多接触。

02：04：17 *Question*: What's the current status of African – American Studies?

Answer: It's still succeeding.

Follow up: Is it attractive to students of color or white students?

Answer: Both, but it only offered an MA.

问：当前非裔美国人研究的情况如何？

答：它仍然成功。

追问：对于有色人种学生或是白人学生有吸引力吗？

答：都有，但只提供了文学硕士学位。

02：06：11 End of Second Interview Session

Third Interview Session

第三部分访问记录

00：00：00 Start of Interview/Interviewer's Introduction

00：00：20 *Question*：Has the undergraduate population at UW changed?

Answer：He said the majority of students who come to UW are extremely bright，especially in the last 15 years. However，regarding issues of race，class，and gender，they were "somewhat wanting." He said it was always enriching to have students from urban centers because many young women would marry young men who were getting employed in large urban areas，which led them to teach in city schools.

问：请问威斯康星大学本科生有变化吗?

答：他说，大多数来到威斯康星大学的学生都是很聪明的，尤其是在过去的15年中。然而，对于种族、阶级和性别的问题，他们是"有点想"。他说一直以来都在增加来自城区学生的数量，因为很多年前女孩与在城区工作的男性结婚，她们就有可能成为城区学校的教师。

00：05：17 [no question] He said another thing he noticed about students was a shift in students' political attitudes and receptiveness toward implementing multicultural education，rather than just talking and listening about it. He attributed this to a changing atmo－sphere around interracial and gay/lesbian relationships.

[没有提问] 他谈到了另一件事，他注意到了学生政治观点的转变和对实施多元文化教育的接受程度，而不是仅仅说和听一下。他将此归因于种族和同性恋、女同性恋关系不断变化的大环境下。

00：09：07 *Question*：Has the demographic of teachers being young white women changed?

Answer：A little bit; there are a few more men.

Follow up：What about students of color?

Answer：The number has actually decreased as opportunities have increased in other fields.

Follow up：Talk about the quality of young teachers.

Answer：He said teachers of his generation were excellent in regard to their expectations and motiva - tional techniques, where this generation's knowledge base is excellent, but their success and school's reception of new ideas are still in question.

问：请问教师中白人女性数量的变化？

答：有一点，男性还是多一点。

追问：那么学生中有色人种的数量呢？

答：数量实际上是减少的，但是在其他领域的机会却增加了。

追问：谈谈青年教师的素质。

答：他说他这一代的老师相对他们的期望是优秀的，在互动性、教学技巧方面，这一代教师在知识量上则是非常优秀的，但他们的成功和学校对新思路接受程度依旧是个问题。

00：13：35 *Question*：Do these students have as good a work ethic as before?

Answer：Yes, they're hungry and competitive.

Follow up：Is grade inflation an issue?

Answer：He didn't know without looking at the statistics; but didn't think so. But for him, grades weren't the core issue—helping students teach was.

问：这些学生在职业道德方面和以前一样好吗？

答： 是的，他们积极而有竞争意识。

追问： 是分数膨胀的问题？

答： 不看统计数据他不知道，但他并不这么认为。但对他来说，分数并不是核心问题，帮助学生才是关键。

00：15：41 *Question*：How do you teach your intro course?

Answer：He said he tailored his evalu – ation method depending on how engaged the class seems to be—he gave examples of more creative examination that both created rapport and allowed them to discuss choices，conversations，and thought processes they'd not normally be able to share.

问： 你是如何教你的概论课程的？

答： 他说根据参与课程的情况修改评价方法，他给出了很多有创造性的考试方法，允许学生讨论、对话和思考，而不是通常的只要他们分享所得。

00：22：03 *Question*：Are you continuing to teach?

Answer：Yes，hopefully the Intro class，a graduate class，and a globalization class.

问： 你是否会继续教下去？

答： 是的。概论课、研究生课和全球化班级。

00：23：15 *Question*：Do you get your greatest stimulation working with graduate students?

Answer：Yes，and with previous graduate students.

Follow up：How many students do you have?

Answer：About 12 or 13. He said he could handle this because he was available 24 – 7. He said the example of his father's major professor stuck with him in this regard.

Follow up：And it doesn't drain you?

Answer：For the most part，no. But he talked about trying to train students not just through the PhD，but also for life.

问：和你的研究生一起工作有什么启发吗？

答：是的，特别是和以前的研究生。

追问：有多少学生？

答：大约 12 个或 13 个。他说他可以教好。他说他父亲给他讲与教授间的故事是激励他处理好和学生间关系的动力。

追问：这不会耗费你的精力吗？

答：在大多数情况下，没有。但他谈到培养学生不是为了让他拿到博士学位而是为了生活。

00：31：20 *Question*：You've had hundreds of graduate students？

Answer：Perhaps，but it really developed since the late 1980s，when multicultural education blossomed.

Follow up：With the #1 ranking，you must be inundated with applications.

Answer：Yes，5 or 6 a week，and the satisfaction came from people asking to get a multicultural education rather than questioning what he was researching.

问：你已经有上百个研究生了？

答：也许吧，是自 80 年代末真正发展起来，那时候多元文化教育蓬勃发展。

追问：排名第一，有太多的申请者。

答：是的，一周 5 个或 6 个人，很多人都想来了解多元文化教育而不是质疑他正在进行的研究。

00：35：57 *Question*：Gloria Ladson – Billings says you were the reason she came here.

Answer：He said their versions of the story were different；he remembered hearing her speak, thinking she was a person of promise, and offering to get her to UW if she wanted it. When he returned, he "got it introduced then got out of the way of it" so his involvement wouldn't give people a reason to obstruct it.

问：格洛利亚说你是她来到这里的原因。

答：他说的故事版本是不同的；他记得听过她演讲，认为她是一个信守承诺的人，如果她想来威斯康星大学会给她提供一个职位。当他回来的时候，他的参与也让人没有理由妨碍他帮助格洛利亚。

00：40：51 *Question*：Does the reputation of C&I rest on your backs?

Answer：No! He named other "outstanding colleagues" —Michael Apple, Tom Popkewitz, Ken Zeichner, and others—who were "kicking it." He said there were also a team—professors and staff both—of people who allowed you to do your best rather than being petty, which denoted caring.

问：请问 C&I（课程与教学系）的声誉与你有关吗?

答：没有！他提到了其他"优秀的同事" Michael Apple，Tom Popkewitz，Ken Zeichner 和其他人，他们都在为此努力，他还谈到是因为他们有一个团队，有教授和职员们，这些人都希望你做得最好，并会对你表示出关怀。

00：45：46 *Question*：Can C&I throw its weight around?

Answer：It doesn't work that way; he argued that they hadn't been able to leverage their prominence to get privileges around the university, in part because university leadership had come from the sciences, rather than from education, and therefore education was seen as a service dept. He noted that this was why they would have fired him had he become dean.

问：能否认为 C&I 具有非常重要的地位?

答：那不是它的工作方式，他表明，他们一直没有利用他们的声望作为手段在大学里获得特权，部分原因是大学领导都来自科学界，而不是从事教育学研究，因此把教育看作是一个服务部门。他指出，这就是为什么在他成为院长后解雇他的原因。

00：50：05 *Question*：Any observations about chancellors?

Answer：He had known all of them, and thought they were all okay, but not great for education.

Follow up：If you were on the search committee, what kind of chancellor would you look for?

Answer：He said search committees are so "neatly channeled" that it would be hard to have an effect, because education took a back seat to the sciences.

问：对于校长有什么意见吗？

答：你知道他们都是不错的人，但在教育方面并不是很好。

追问：如果让你寻找委员会成员，你会找什么样的校长？

答：他说寻找委员会是"巧妙地引导"，这将很难有效果，因为教育相对自然科学是没有优势地位的。

00：53：22 *Follow up*：If you could just pick the chancellor, what kind of person would you pick?

Answer：Referring to a recent book he'd written about fundamental global changes in university education, he posited that a new chancellor should understand and engage these global changes, be cosmopolitan, and have a vision of what needs to happen across the university, and not just in the sciences.

追问：如果你可以随便挑选校长，你会选择什么样的人？

答：谈到最近他写的一本书，他写关于在全球化背景下大学教育的根本性变化，他假设，一个新的校长应该了解和参与这些全球性变化，校长本身是国际化的，而且对大学发展有什么样的需要是有愿景的，并不只是在科学研究方面。

00：58：42 *Follow up*：Where do you find people like that?

Answer：You may have to look out－side the box.

Question：Are you not enamored with the WI tradition of promoting from within?

Answer：It's okay，but doesn't promote vision.

Question：Should the university become private，like Michigan?

Answer：No，it should remain public. He thought the inexorable reduction in state support could be changed because UW does so much for the state of WI.

追问：你在哪里找到这样的人？

答：可能要在现有体系之外了。

问：你是不是认同从威斯康星大学内部选取校长人选的传统？

答：这是好的，但不是值得提倡的方式。

问：如果大学变成私有的，像密歇根大学那样呢？

答：不，它应该保持公开。他认为州预算支持的经费会减少，但是威斯康星大学为威斯康星州还是做了很多贡献的。①

① 前三部分访谈记录引自 University of Wisconsin－Madison Archives Oral History Program Interview Grant，Carl A.，February，2008。

第四部分访谈记录①

问：你为什么要从事多元文化教育研究？

答：很难说具体什么原因促使我从事多元文化教育的研究，最重要的是我的一些个人经历和我是非裔美国人的原因吧。

追问：你能具体谈一下这个问题吗？

答：讲起来很多内容，你可以看一下我的一篇文章，里面详细地介绍了几个促使我从事多元文化教育研究的个人经历。

问：你觉得作为非裔美国人对你从事多元文化教育研究有什么影响吗？

答：当然，就是因为我是非裔美国人才会对种族问题很关注，最后扩展到对其他少数群体问题的关注。

追问：你曾经受到过种族歧视吗？

答：算是吧。

追问：那是什么时候的事情？

答：很久以前了，特别是在读小学时我们用的课本都是旧的，没有用过新的课本。

问：你是什么时候真正开始从事多元文化教育研究的？

答：很早的时候，应该属于最早从事多元文化教育研究的一批人。

问：你对多元文化教育的研究也是从对种族问题的关注开始的，是吗？

答：是的，最初就是由对种族问题的关注拓展到对文化多样性的关注，而由此引发了对教育公平问题的关注。

问：能推荐一篇你早期的代表作吗？

答：《白水煮胡萝卜并不是蔬菜汤：学校和社会中的种族主义》，通过这篇文章

① 第四部分访谈记录为笔者根据多次对格兰特的访问整理而成。

让我感觉找到了自己的研究方向，同时我觉得自己除了能为有色人种伸张正义外还可以为他们做很多事情。

问：你认为你研究的理论基础是什么？或者说哪些理论对你的研究有帮助？

答：我读了很多书，也借鉴了很多学者的观点，因此很难说我的研究是以某一个或两个理论为基础。

问：在中国，班克斯在多元文化教育方面的影响非常大，而你的研究却很少有中国人了解，你怎么看这个问题？

答：我一直都没有停止过写作，我也不知道为什么中国学者对我的研究了解的不多。我和班克斯都是在美国最早从事多元文化教育研究的一批人。

参考文献

一、中文著作

［1］宝玉柱．民族教育研究．北京：中央民族大学出版社，2009.

［2］［美］杜威．民主主义与教育．王承绪，译．北京：人民教育出版社，2001 .

［3］费孝通．民族研究文集．北京：民族出版社，1988.

［4］费孝通．中华民族多元一体格局．北京：中央民族大学出版社，1999.

［5］费孝通．乡土中国．北京：北京出版社，2005.

［6］顾明远．教育大辞典．上海：上海教育出版社，1998.

［7］哈经雄，滕星．民族教育学通论．北京：教育科学出版社，2001.

［8］胡志勇．汉英新词新语辞典．上海：上海交通大学出版社，2004.

［9］黄宗植．西方多元文化教育理论及其实践．延吉：延边教育出版社，2005.

［10］金炳镐．民族理论通论．北京：中央民族大学出版社，1994.

［11］［美］约翰·霍普·富兰克林．美国黑人史．张冰姿，等，译．北京：商务印书馆，1988.

［12］［美］肯特·科普曼，［美］李·哥德哈特. 理解人类差异：美国的多元文化教育. 滕星，等，译. 北京：中央民族大学出版社，2011.

［13］林胜一. 中国少数民族教育发展与展望. 呼和浩特：内蒙古教育出版社，1990.

［14］林耀华. 民族学通论. 北京：中央民族大学出版社，2007.

［15］［美］M. 阿普尔，L. 克里斯蒂安－史密斯. 教科书政治学. 侯定凯，译. 上海：华东师范大学出版社，2000.

［16］单中惠. 西方教育思想史. 北京：教育科学出版社，1997.

［17］史静寰. 当代美国教育. 北京：社会科学文献出版社，2001.

［18］滕大春. 美国教育史. 北京：人民教育出版社，2001.

［19］王鉴，万明钢. 多元文化教育比较研究. 北京：民族出版社，2006.

［20］王鉴. 民族教育学. 兰州：甘肃教育出版社，2002.

［21］吴明海. 中国少数民族教育史教程. 北京：中央民族大学出版社，2006.

［22］吴明海. 中外民族教育政策史纲. 北京：中央民族大学出版社，2006.

［23］谢启晃. 民族教育概论. 南宁：广西民族出版社，1984.

［24］张斌贤，王保星. 外国教育思想史. 北京：高等教育出版社，2007.

［25］郑金洲. 多元文化教育. 天津：天津教育出版社，2004.

［26］赵中建. 全球教育发展的历史轨迹：国际教育大会60年建议书. 北京：教育科学出版社，1999.

［27］中国大百科全书出版社编辑部. 中国大百科全书·教育卷. 北京：中国大百科全书出版社，1985.

二、中文论文

［1］常永才，呼和塔拉．西方多元文化教育政策的理论局限及其超越．当代教育与文化，2011（6）．

［2］邓艳红．多元文化视野下的基础教育课程改革——兼谈多元文化教育的实质．教育研究，2004（5）．

［3］靳淑梅．多元文化主义的困境及对教育的启示．教育评论，2009（1）．

［4］［德］克里斯托弗·乌尔夫．作为跨文化教育的教育：一场全球变革．北京大学教育评论，2010（4）．

［5］李瑾瑜，奂平清．对多元文化教育的四种误解及其分析．民族教育研究，1999（3）．

［6］刘欣．教育政策应进一步加强对弱势群体的补偿．华中师范大学学报（人文社会科学版），2008（6）．

［7］罗树杰．马克思主义民族观简论．民族研究，1996（7）．

［8］吕普生．多元文化主义对族裔少数群体权利的理论建构．民族研究，2009（4）．

［9］马华维．教师社会化策略与内容的关系．心理科学，2009（1）．

［10］钱民辉．略论多元文化教育的理念与实践．北京大学学报（哲学社会科学版），2001（3）．

［11］钱民辉．民族教育三疑三议．西北民族研究，2004（3）．

［12］钱民辉．多元文化背景下的教育公平问题．西北民族学院学报（哲学社会科学版），2002（6）．

［13］钱民辉．断裂与重构：少数民族地区学校教育中的潜在课程研究．西北民族研究，2007（1）．

［14］苏德．少数民族多元文化教育的内容及其课程建构．中央民族大学

学报（哲学社会科学版），2008（1）.

［15］滕星，张俊豪．跨文化教育背景下的中国少数民族儿童人格研究．民族教育研究，1998（3）.

［16］王军．世界跨文化教育理论流派综述．民族教育研究，1999（3）.

［17］王鉴．多元文化教育：西方少数民族教育的实践及其启示．广西民族研究，2004（1）.

［18］王希．多元文化主义的起源、实践与局限性．美国研究，2000（2）.

［19］吴明海．古代中国政府多民族教育政策文化模式研究．民族教育研究，2013（1）.

［20］吴明海．一核多元、中和位育：中国特色多元文化主义及其教育道路初探．民族教育研究，2014（3）.

［21］谢治菊．乡土教育：概念辨析、学理基础与价值取向．贵州师范大学学报（社会科学版），2011（4）.

［22］席蔚华．美国学校的多元文化教育．陕西师范大学学报（哲学社会科学版），2000（3）.

［23］于璪．文化多样性研究述评．广西民族教育，2007（1）.

［24］张俊豪．多元一体格局下的中国少数民族教育．湖北民族学院学报（哲学社会科学版），2006（4）.

［25］张家军．国外的多元文化教育研究及面临的问题．教育与教学研究，2011（2）.

［26］陈华．美国多元文化主义与教育研究．南京：南京大学博士学位论文，2002.

［27］弓巧平．美国大学多元文化教育发展研究．保定：河北大学博士学位论文，2004.

［28］何立新．新课程背景下语文教科书价值取向研究——以人教版义务教育课程标准实验教科书·语文为例．成都：四川师范大学硕士学位论文，

2012.

［29］靳淑梅．教育公平视角下美国多元文化教育研究．长春：东北师范大学博士学位论文，2009.

［30］刘汀．内蒙古民族传统体育对蒙汉大学生体育兴趣的影响之比较研究．上海：华东师范大学硕士学位论文，2005.

［31］刘智力．美国多元文化教育研究．保定：河北大学硕士学位论文，2005.

［32］彭永春．美国高校多元文化教育演进之研究．上海：华东师范大学博士学位论文，2004.

［33］谈丽．小阿瑟·施莱辛格史学思想研究．上海：复旦大学博士学位论文，2006.

［34］王善安．幼儿园多元文化教育课程资源开发研究——以渝东南土家族A幼儿园为个案．重庆：西南大学硕士学位论文，2010.

［35］朱姝．班克斯教育思想研究．北京：中央民族大学博士学位论文，2013.

［36］巴战龙．西部少数民族地区基础教育新课程改革存在的问题与困难：一种教育人类学的观点［EB/OL］，2006－08－15. http：//epc. sw u. edu. cn/cyber/200608/bzl. h tm.

［37］［美］卡尔·格兰特．多元文化主义的昨天和今天．王筱蕾，译．中国政法大学教育文选，2014（2）．

三、格兰特主要著作

［1］Carl A. Grant. *Bringing teaching to life*：*an introduction to education*. Boston：Allyn and Bacon，1982.

［2］Carl A. Grant，Marilynne Boyle，Christine E. Sleeter. *The public school and the challenge of ethnic pluralism*. New York: Pilgrim Press, 1980.

[3] Carl A. Grant, Christine E. Sleeter. *After the School Bell Rings*. Philadelphia: The Falmer Press, 1986.

[4] Carl A. Grant, Christine E. Sleeter. *Doing Multicultural Education for Achievement and Equity*. New York: Routledge, 2007.

[5] Carl A. Grant. *Teach! Change! Empower!: Solutions for Closing the Achievement gaps*. California : Corwin, 2009.

[6] Carl A. Grant, Christine E. Sleeter. *Turning on learning: Five Approaches for Multicultural Teaching Plans for race, class, gender and disability* (5th ed.). Hoboken, NJ: Wiley, 2009.

[7] Christine E. Sleeter, Carl A. Grant. *Making choices for multicultural education: five approaches to race, class, and gender*. Hoboken, New Jersey: John Wiley & Sons, 2009.

四、格兰特主要编著

[1] Carl A. Grant (Ed.). *Research and multicultural education: from the margins to the mainstream*. London, Washington, D. C. : Falmer Press, 1992.

[2] Carl A. Grant (Ed.). *Educating for Diversity: an Anthology of Multicultural Voices*. Boston: Allyn and Bacon, 1995.

[3] Carl A. Grant and Gloria Ladson – Billings ed.. *Dictionary of Multicultural Education*. Phoenix, AZ: Oryx Press, 1997.

[4] Carl A. Grant (Ed.). *Multicultural Research: a Reflective Engagement with Race, Class, Gender and Sexual Orientation*. London, Philadelphia, PA: Falmer Press, 1999.

[5] Carl A. Grant, Joy L. Lei (Ed.). *Global Constructions of Multicultural*

Education: *Theories and Realities*. New Jersey: Lawrence Earlbaum Associates, 2001.

[6] Carl A. Grant, Mary Louise Gomez (Ed.). *Campus and Classroom*: *Making Schooling Multicultural* (2nd). Upper Saddle River, New Jersey: Merrill/Prentice, 2001.

[7] Carl A. Grant & Maureen D. Gillette (Ed.). *Learning to Teach Everyone's Children*: *Equity*, *Empowerment*, *and Education that Is Multicultural*. Cengage Learning, Inc., 2005.

[8] Carl A. Grant, Thandeka K. Chapman (Ed.). *History of Multicultural Education*. New York: Routledge, 2008.

[9] Carl A. Grant, Agostino Portera (Ed.). *Intercultural and Multicultural Education*: *enhancing global interconnectedness*. New York: Routledge, 2011.

五、格兰特主要学术论文

[1] Carl A. Grant. Black Studies Materials Do Make a Difference. *The Journal of Educational Research*, Vol. 66, No. 9, 1973.

[2] Carl A. Grant. a Carrot in a Pot of Water is Not Vegetable Soup: Race in School and Society. *Education Leadership*, 1975.

[3] Carl A. Grant. The Mediator of Culture: A Teacher Role Revisited. *Journal of Research and Development in Education*, 1977.

[4] Carl A. Grant. Education That Is Multicultural and Teacher Preparation: An Examination from the Perspectives of Preservice Students. *The Journal of Educational Research*, Vol. 75, No. 2, 1981.

[5] Carl A. Grant, Christine E. Sleeter. Race, Class, and Gender in Education Research: An Argument for Integrative Analysis. *Review of Educational Research*,

Vol. 56, No. 2, 1986.

[6] Carl A. Grant. The Persistent Significance of Race in Schooling. *The Elementary School Journal*, Vol. 88, No. 5, Special Issue: Minorities, 1988.

[7] Carl A. Grant. Barriers and Facilitators to Equity in The Holmes Group. *Theory in Practice*, Vol. 29, No. 1, 1990.

[8] Carl A. Grant. Best Practices in Teacher Preparation for Urban Schools: Lessons from the Multicultural Teacher Education Literature. *Action in Teacher Education*, Vol. 16, No. 3, 1994.

[9] J. Lei & Carl A. Grant. Multicultural education in the United State: A case of paradoxical equality. In Carl A. Grant, Joy L. Lei. *Global Constructions of Multicultural Education: Theories and Realities.* Mahwah, NJ: Lawrence Earlbaum and Associates, 2001.

[10] Carl A. Grant. Brown: Progress, Challenges, and an Argument for an Inclusive Race and Ethnic Framework of Analysis. *Multicultural Perspectives*, 6 (4), 2004.

[11] Carl A. Grant. An Essay on Searching for Curriculum and Pedagogy for African American Students: Highlighted Remarks Regarding the Role of Gender. *American Behavioral Scientist*, 2008.

[12] Carl A. Grant. Escaping Devil's Island: Confronting racism, learning history. *Race Ethnicity and Education*, Vol. 14, No. 1, 2011.

[13] Carl A. Grant. Contributions of multicultural education to education theory and practice. In S. Tozier, B. Gallegos, A. Henry, M. Greiner, & P. Price (Eds.). *Handbook of Research in the Social Foundations of Education.* New York: Routledge.

[14] Carl A. Grant. Personal and Intellectual Motivation for Working from the Margin. In Carl A. Grant. *Multicultural Research: a reflective Engagement with Race, Class, Gender and Sexual Orientation.* London: Routledge, 1999.

[15] Carl A. Grant. Education that is Multicultural as a Change Agent: Organizing for Effectiveness. *The Journal of Negro Education*, Vol. 48, No 3.

[16] Carl A. Grant. Multiculturalism, Race, and the Public Interest: Hanging on to Great – Great – Granddaddy's Legacy. In G. Ladson – Billings & W. Tate. *Education Research in the Public Interest: Social Justice, Action, and Policy.* New York: Teachers College Press, 2006.

[17] Carl A. Grant. Reflections on the Promise of Brown and Multicultural Education. *Teacher College Record*, 96 (4).

[18] Carl A. Grant. Cultivating Flourishing Lives: A Robust Social Justice Vision of Education. *American Educational Research Journal*, 2012.

[19] Carl A. Grant. Education that is multicultural——Isn't that what we mean? . *Journal of Teacher Education.*

[20] Carl A. Grant. Challenging the Myths About Multicultural Education. *Multicultural Education*, 2 (2).

[21] Carl A. Grant & Gibson M. . The path of social justice: A Human Rights History of Social Justice Education. *Equity & Excellence In Education*, Vol. 46, No. 1, 2013.

后　记

一直以来，我都较为关注美国的多元文化教育研究。经过几年的研究写成的这本书虽有诸多不完善之处，却也是我阶段性研究的一个总结。文稿初成后的轻松却在一遍遍的审读中变得凝重，几经修改又感到还需要仔细推敲，最后的定稿仍觉得有不少遗憾之处，与读者的需求恐怕还是有差距的。

回首写作过程中的点点滴滴，最应该感谢的是我的导师吴明海教授给予我的巨大帮助与支持。本书的写作从选题到构思，再到审稿都离不开吴老师的悉心指导。特别要感谢吴老师，为了帮助我顺利完成书稿的写作，他积极联系美国威斯康星大学麦迪逊分校的相关导师，使我最终有机会作为格兰特教授的访问学者在美学习六个月。吴老师对待学生真诚、对待学术的执着深深地感染和激励着我。

真诚地感谢教育学院院长苏德教授、哈经雄老师、滕星教授在学业上给予我的帮助与支持！这些民族教育研究领域的前辈以渊博的学识、严谨的思维、敏锐的观察力为本书的写作提出了宝贵的建议，使我收获颇多。

本书能够顺利出版，还要感谢民族出版社的大力支持。特别是张宏宏编辑及相关工作人员为本书的出版付出了大量辛勤的劳动，对书稿提出了许多好的建议，在此我向他们表达最诚挚的谢意！

最后还要感谢我的家人，是他们的支持与理解使我能够在工作和生活的双重压力中解放出来，全身心地投入书稿的写作之中。没有所有人的帮助，我是不可能有今天的收获的，只有在事业上不断勤奋进取，才能稍稍报答所有人的关爱。

由于本人水平有限，本书难免有不足之处，欢迎各位读者批评指正。

王筱蕾

2017 年 10 月于北京